KB158787

초등학교 1학년 학교생활 궁금하시죠?

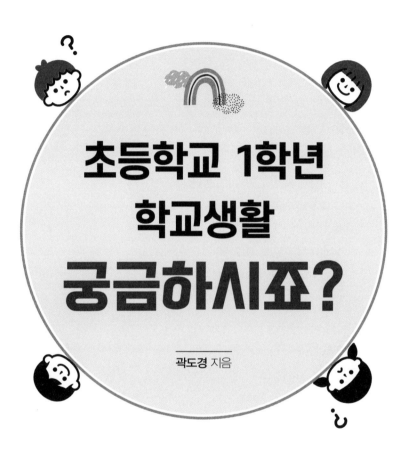

초등학교 1학년
학교생활
궁금하시죠?

곽도경 지음

W미디어

차례

1학년 학부모님, 아이들 학교생활 궁금하시죠?

유치원 때는 조잘조잘 잘도 얘기하던 우리 아이들. 그런데 초등학교에 들어가서는 온종일 학교에서 뭘 했는지 물어도 도통 얘기를 안 합니다. 여자아이들은 그래도 나은 편인데, 남자아이들은 기억이 안 난다고 그럽니다. 1학년 학부모님들은 아이가 교실에서 무슨 말을 하고, 선생님은 어떻게 아이들과 생활하는지 알고 싶습니다. 게다가 교과서는 너무 쉬운데, 도대체 선생님이 수업은 어떻게 진행하는지 궁금하지 않을 수가 없습니다.

서점에 나와 있는 많은 초등학교 1학년 관련 책들은 학교생활의 올바른 지침을 주로 이야기하고 있습니다. 학부모님들이 정말 궁금해하는 건 내 아이가 교실에서 어떻게 생활하느냐인데 말입니다. 그래서 제가 1학년 담임으로서 1년 동안 아이들과 생활하며 있었던 일들을 솔직하게 교단일기 형식으로 적어보았습니다.

아이들이 실제로 했던 행동 하나하나와 말 한마디 한마디를 생생하게 되살려 담아냈습니다. 따라서 제 글이 학부모님들의 궁금증을 해소하는 데 조금이나마 도움이 될 것 같습니다.

사실 저도 10년 넘게 초등학교에 근무하고 있지만 1학년은 처음 해보기에 무척이나 떨렸던 한 해였습니다. 돌이켜 보니 정말 실수도 많았고, 고민도 많이 한 1년이었습니다. 나름대로 최선을 다했습니다만, 혹시나 저의 역량이 부족해서 아이들이 배워야 할 것을 놓치지 않을까 염려했고, 어떻게 하면 다 함께 웃으며 즐겁게 학교생활을 할 수 있을까 고민하며 보냈던 것 같습니다. 그런 고민들이 차곡차곡 쌓여 이렇게 한 권의 책으로 나올 수 있게 되어 정말 기쁩답니다.

초등학교 1학년 교실의 생동감 넘치는 모습

학교에서 있었던 일을 자녀들에게 직접 들으면 제일 좋겠지만, 시각을 달리해서 선생님인 저의 얘기를 통해 자녀를 이해하는 것도 괜찮겠다는 생각이 듭니다. 조금 더 욕심을 낸다면, 제 얘기 덕분에 학부모님들이 자녀를 자주 칭찬해주고, 한 번이라도 더 따뜻하게 안아준다면 최고의 기쁨이 될 것 같습니다.

저는 1년 동안 아이들과 함께 생활하면서 1학년 아이들이 가장 원하고 필요로 하는 것이 사랑이라는 것을 절실하게 느꼈습니다. 집에서 아이들을 많이 안아주고, 뽀뽀도 자주 해주고, 사랑한다는 말도 더 많이 해주세요. 저희 교사들도 그런 마음으로 하루하루 아이들을 지도하고 있습니다. 아울러, 이 책이 아이가 초등학교 입학을 앞둔 예비 학부모님들에게도 불안과 궁금증을 해소하는 길잡이가 되길 기대합니다. 참고로 저의 수업은 우리나라 초등학교 1학년 선생님 수업 중의 하나일 뿐이라는 것을 알아주시기 바랍니다. 그리고 혹시나 하는 마음에 책 속에 등장하는 아이들의 이름은 모두 가명으로 했으며, 한글 맞춤법이 틀린 아이들 글은 가급적 느낌을 살리려 원문을 그대로 실었음을 밝힙니다. 또한 아이들이 즐겁게 활동하는 모습과 표정이 필요한 부분에는 생동감을 살리기 위해 마스크 없이 표현하였음을 알려드립니다.

강렬했던
첫날과 둘째 날

01

첫날, 첫 만남

3월 2일. 새로 입학하는 1학년이 학교에 오는 첫날, 첫 아침이다. 아침 7시, 이른 시간임에도 지금 내가 있는 곳은 집이 아니라 교실이다. 마음이 들뜨고 불안해서 도저히 집에 더 있을 수가 없어 새벽같이 학교에 나왔다.

아이들이 한 명도 없는 텅 빈 교실에 홀로 있는 데도 이상하게 마음이 바쁘다. 오늘은 아이들이 부모님 품을 떠나 '초등학교'에 생애 처음으로 등교하는 날이다! 그들을 반갑게 맞이하기 위한 나름의 의식을 진행하듯이 나는 출석부에 적힌 아이들 이름을 소리 내어 크게 읽어본다.

"권정훈, 김민천, 김시훈…."

아이들 이름이 입에 익숙해질 때까지 몇 번이나 소리 내어 읽어본다. 그리고 오늘 일정을 칠판에 적는다.

자기 번호 알기

번호 순서대로 줄서기

화장실 사용법 배우기

이제 아이들 이름도 입에 익숙해졌고, 오늘 일정도 다 확인했다. 그런데 이상하게 머릿속이 백지장처럼 하얗다. 아이들을 맞이할 생각에 가슴이 두근거린다.

'어떤 아이들이 올까, 교실은 제대로 찾아올까, 혹시나 남자 선생님이라고 무섭다고 우는 건 아닐까…'

온갖 걱정이 다 되는 첫날, 첫 아침이다.

설레는 기다림 속에 아침 시간이 흘러간다. 이윽고 8시 30분이 되니 복도에서 아이들 뛰는 소리가 들려온다. 문밖으로 나가 아이를 반갑게 맞는다. 마스크를 한 채 우리 반 교실 문 앞에 다다른 아이가 힐끔 나를 바라본다.

'이 남자 선생님이 진짜 우리 담임인가?' 하는 눈빛이다. 어색함을 반가움으로 바꾸기 위해 내가 먼저 상냥하게 인사를 건넨다.

"안녕! 이름이 뭐예요?"

"박지현요."

"우리 반 맞네."

머릿속으로 상상만 했던 우리 반 아이가 교실에 왔다. 1학년 담임이 된 걸 실감하는 순간이다. 그 생각도 잠시, 아이들 이름이 적힌 명렬표에 박지현 이름을 찾아 얼른 동그라미를 친다. 그리고 발열 체크를 한다. – 2021년 3월 코로나19가 극심했던 시기, 아이들은 마스크를 쓰고 짝꿍도 없이 단일 책상으로 서로 떨어져 앉아야 했고, 매일 정상 등교하면서 발열 체크를 해야 했다.

처음으로 교실에 들어온 아이가 쭈뼛거리며 눈으로 교실을 둘러본다.

"실내화 갈아 신고, 자기 이름 적힌 책상에 앉아 주세요. 가방은 오른쪽에 걸고요."

첫날 교실에 아이들이 등교해 앉아있는 모습

아빠 같은 마음으로 아이를 보듬어주지 못하고, 아이에게 해야 할 것만 가득 늘어놓았다. 처음으로 1학년 담임을 맡은 내 조급한 마음이 그대로 드러난다.

여덟 살 아이는 실내화로 갈아 신는 데도 한참이나 걸린다. 그리고 자기 몸만 한 가방을 메고 이곳저곳 책상을 찾아다니더니 겨우 자기 자리를 찾는다.

"털썩!"

자리를 찾아 앉은 아이가 그제야 안도의 한숨을 "휴~" 하며 내쉰다. 나도 크게 심호흡을 하며 긴장된 마음을 가라앉힌다.

우리 반을 찾아 들어오는 아이들 한 명 한 명을 맞아 이름을 확인하고 발열 체크를 했더니 어느새 교실이 꽉 찼다. 27명 전원 등교다. 썰렁했던 교실이 아이들로 꽉 차니 온기가 가득하다.

'너희들도 긴장 많이 했을 텐데, 여기까지 오느라 수고 많았다.'

3월이라 날씨는 아직 쌀쌀한데 마음속은 후끈거린다. 아이들이 모두 마스크를 썼지만, 선생님을 바라보는 똘망똘망한 눈망울들에 마음 한쪽이 뭉클해져 온다.

가슴 벅찬 이 느낌! 이 아이들을 데리고 올 한 해 학급살이를 해야 한다. 과연 내가 잘 할 수 있을지 모르겠다.

1학년 학부모님께!

1학년 첫날. 아이들도 긴장을 많이 했습니다. 집에 돌아오면 수고했다고, 잘 해냈다고 꼭 안아주세요. 그리고 개학식 날은 실내화, 물통, 필통, 종합장이면 충분하니 가방은 최대한 가볍게 해서 아이를 학교에 보내주세요.

선생님, 제 번호 뭐예요?
저 어디에 서요?

입학식이 끝났다. 이제 똘망똘망한 27명의 눈망울이 일제히 내 입만 바라보고 있건만 뭐부터 해야 할지 모르겠다. 칠판을 보니 첫 번째 순서인 '자기 번호 알기'가 눈에 들어온다. 미리 써놓길 잘했다는 생각이 든다.

1번 아이부터 이름과 번호를 알려준다.

"권정훈 1번, 김민천 2번, 김시훈 3번, 김이현 4번, 김진형 5번…."

아이들 얼굴을 익혀가며 1번부터 27번까지 천천히 이름을 불러 자신의 번호를 알려주었다.

그런데 어디선가 한 아이가 큰소리로 "선생님, 제 번호가 뭐예요?"라고 물어온다. '어, 분명히 번호를 알려줬는데….' 생각하는 찰나, 두더지 게임기에서 두더지가 머리를 내밀 듯이 이곳저곳에서 다른 아이들도 자기 번호가 뭐냐고 묻는다.

"선생님, 저도 번호를 까먹었어요."

"이름이 뭐예요?"

"박수현요."

"어, 보자. 수현이는 21번이에요."

"저는 뭐예요?"

"저는요?"

"…"

한 명이 번호를 물으니 반 전체가 다 물어볼 기세다. 방금 번호를 알려줬는데 내가 무슨 잘못을 한 건가 싶다. 시나리오에 없는 돌발 질문에 호흡이 가쁘다. 마음을 가다듬고 다시 1번부터 27번까지 번호와 이름을 알려준다. 그제야 책상 위에 붙여 놓은 아이들 이름 옆에 번호를 크게 적어줄 걸 하는 후회가 밀려온다.

아이들에게 번호를 알려줬으니 이제는 번호 순서대로 줄을 세워보기로 했다. 교실 밖으로의 이동을 위해서는 줄을 세우고 자신의 위치를 알게 하는 연습이 필요했다. 그냥 줄만 서면 재미가 없을 것 같아 미션을 줬다.

"10초 안에 번호 순서대로 줄을 서 볼 거예요. 남자부터 시작할게요. 준비, 시작!"

머릿속엔 '앞으로나란히'를 해서 간격 하나도 흐트러짐 없이 1번부터 13번까지 서 있는 아이들 모습이었는데, 현실은 냉혹했다.

"선생님, 저 어디에 서요?"

"선생님…. 저는요?"

"…"

뜻밖의 상황이 눈앞에 펼쳐진 가운데 머릿속엔 어디선가 들었던 유행가 가사가 저절로 흘러나온다.

'난 누군가? 또 여긴 어딘가? 저 멀리서 누가 날 부르고 있어.'

고개를 절레절레 흔들며 정신을 차린다. 크게 심호흡을 한 번하고, 자신의 자리를 모르는 아이들에게 번호에 맞게 위치를 다시 알려준다. 그 와중에 머리를 긁적이며 씩 웃는 아이들이 '왜 선생님은 저렇게 혼자 바쁘게 뛰어다니지?' 하는 눈빛으로 나를 쳐다보는 것만 같다.

다음은 여자아이들이다. 앞서 남자아이들처럼 여자아이들도 줄을 못 설까 내심 불안했는데, 확실히 여자아이들은 눈썰미가 있다. 선생님이 남자아이들과 고생한 걸 제대로 목격했다. '앞으로나란히' 한 번에 번호에 맞게 한 줄로 서는데 '타다다다닥' 10초도 안 돼서 성공이다. '1학년은 확실히 남자아이들이 조금 더 힘들겠구나!'를 온몸으로 느낀 순간이었다.

아이들을 데리고 교실 밖으로 나가기 위해 남은 최종 임무는 남녀 각각 번호순으로 줄을 세우는 것이다. 교실에서 연습한 대로 복도에 한 줄로 세웠는데, 똑바로 서 있지는 않지만 반 전체 아이들이 번호에 맞춰 한 줄로 섰다. 눈물이 나올 만큼 감동이다!

복도에 남자아이들과 여자아이들이 번호에 맞춰 줄을 섰다

'나도 아이들을 한 줄로 세워 화장실도 가고, 밥도 먹으러 갈 수 있겠구나! 휴~'

그동안 애쓴 보람이 기쁜 한숨으로 새어 나온다.

1학년 학부모님께!

학교는 단체생활이라서 '번호'와 '순서'가 중요합니다. 반 아이들이 번호 순서대로 줄을 서서 이동하는 경우가 참 많습니다. 가정에서도 가족끼리 번호를 정해서 줄 서는 연습을 놀이 삼아 해보면 아이들이 학교생활을 하는 데 많은 도움이 될 것 같습니다.

03

애들 밥 먹이면 하루 끝나요

아이들에게 화장실 사용하는 방법을 가르쳐주고 난 뒤에 교실에서 좀 쉴 생각이었는데, 옆 반 아이들이 복도에 한가득이다. 궁금해서 옆 반 선생님에게 물어보니 점심시간이라고 한다.

'앗! 아무것도 한 게 없는데 벌써 밥 먹으러 간다고… 아이들 화장실 데려간다고 진을 다 뺐는데 쉬지도 못하고 또 밥 먹으러 간다고…'

헛웃음밖에 안 나온다. 줄을 세워 화장실에 다녀온 것이 금방인데, 아이들을 앉히지도 못하고 다시 복도에 줄을 세운다. 옆 반이 줄을 서 있지 않았다면 내가 밥 먹으러 가는 시간을 놓쳤을 것만 같아 생각만 해도 아찔하다.

아무튼 이 아이들을 데리고 급식실까지 가야 한다고 생각하니 또다시 눈앞이 깜깜했다. 예전에 1학년을 가르쳤던 후배 선생님이 하던 말이 귓가에 맴돈다.

"선생님, 아이들 밥 먹이면 하루 끝나요."

그 말이 이제야 실감이 된다. 오늘 아이들을 줄 세워 화장실 한 번 다녀오기만 했을 뿐인데 바로 느낌이 왔다. 아이들을 데리고 밥 먹으러 가는 일이 1학년 일과 중 가장 힘든 일, 게임으로 치자면 '끝판왕'이었던 게다.

아이들을 데리고 그 마지막 끝판왕을 이기기 위해 2층 긴 복도를 따라 천천히 이동한다. 1층으로 내려가는 계단이 보인다. 평소 혼자서 계단을 이용할 땐 몰랐는데, 아이들을 데리고 내려가려니 계단이 엄청 높아 보인다. 장난기가 심한 1학년 아이들, 한눈팔다가 발이라도 잘못 딛으면 큰일 날 것 같다.

"계단 조심하세요. 천천히 조심해서 내려와요. 한 칸에 한 발씩요."

"…"

계단이 위험해 보여서 선생님이 조심하라고 몇 번이나 이야기하는데, 대답이 없으니 아이들이 제대로 듣는 건지 마는 건지 통 모르겠다. 계단을 다 내려오자, 그 짧은 시간에 서로 친해졌는지 아이들 떠드는 소리가 복도를 장악했다.

"조용히 하세요. 줄 똑바로 서세요."

목소리를 높여보지만, 선생님의 조용히 하라는 소리가 아이들 떠드는 소리에 묻혀 들리지도 않는다.

그렇게 본 건물을 빠져나오니, 아이들이 몰려 있는 급식실 앞은 이미 발 디딜 틈도 없다. 여기서 또 기다려야 한다고 생각하니 기운이 쭉 빠진다. 끝없는 줄서기와 기다림의 연속이다.

　　아이들과 한참을 밖에서 기다린 끝에 겨우 급식실에 들어왔다. 아이들이 자리에 앉아 밥을 먹기 위해 하나둘씩 마스크를 벗는데, 순간 이게 무슨 일생일대 대반전이란 말인가. 마스크에 꼭꼭 숨어있던 아이들의 보석 같은 얼굴이 드러나기 시작했다. 담임 선생님이 처음으로 아이들의 온전한 얼굴을 보는 순간이었다!
　　귀여운 얼굴들 하나하나가 빛이 나는데 '우리 반 아이들이 맞나?' 하는 생각이 들 정도였다. 어찌나 하나같이 다들 사랑스러운지, 나도 모르게 곁눈질로 계속 쳐다봤다. 코로나19 때문에 아이들 얼굴 보는 것도 이렇게 감사해야 할 일인지 처음 알았다. 줄 세워 데려오기까지 쌓였던 피로와 스트레스가 봄눈 녹듯 다 사라져버렸다.
　　하지만 그 기쁨도 잠시, 코로나19 시대의 아이들 급식 지도는 상상 밖이다. 떠드는 아이에게 가서 검지로 조용히 하라는 신호를 보내도 여기서 소곤, 저기서 소곤거린다. 밥 먹는다고 마스크를 벗었으니 혹시 모를 비말 전파에 온 신경이 곤두선다. 게다가 내 몸은 하나인데 "선생님, 선생님" 하며 끊임없이 나를 찾는 아이들은 왜 그렇게 많은지 여기 갔다 저기 갔다를 반복한다. 아이

몇몇은 아예 먹을 생각이 없는지 밥은 안 먹고 멀뚱멀뚱 주위만 쳐다보고 있다.

그때 갑자기 누군가 내 손을 스윽 잡는다. "제 자리 어디예요?" 라고 말하는 아이 때문에 내가 더 놀랐다. 개학 첫날이라 자기 자리는 기억이 안 나고, 알지도 못하는 선생님 손을 잡은 아이의 애절한 마음이 느껴졌다. 얼른 아이를 데리고 그 반 선생님을 찾아 데려다주었다.

맛있는 밥 냄새가 솔솔 나고 배가 꼬르륵하는데 아이들 급식 지도하느라 제때 밥을 못 먹은 건 내가 교직 생활하고 오늘이 처음이다. 진정한 1학년 점심시간을 체험한 하루였다. 정말 후배 선생님 말대로 아이들 밥 먹이고 왔더니 하루가 다 끝나버렸다.

급식실에서 아이들이 마스크를 벗고 밥을 먹고 있다

1학년 학부모님께!

가정에서는 오순도순 이야기하며 즐겁게 밥 먹는 게 좋습니다. 다만, 학교에서는 '방역'과 '질서' 개념이 우선이므로 밥 먹을 때는 가능한 한 대화하지 않고, 친구와 장난치지 않는 게 중요합니다. 우리 1학년 아이들, 가정에서 한두 번 이야기해주면 학교에서 잘 지키니 지도를 부탁드립니다.

04

선생님, 집은 어떻게 가요?

전쟁 같았던 점심시간이 끝났다. 이제 오늘의 마지막 일과인 아이들을 무사히 집으로 돌려보내는 일이 남았다.

하지만 마지막 임무도 만만치 않다. 우리 반 27명 아이 모두가 줄을 서서 나를 따라 정문으로 가면 좋겠지만, 현실은 그렇게 간단하지가 않다. 돌봄 교실 가는 아이들이 있는가 하면, 방과 후 수업 가는 아이들, 바로 집으로 가는 아이들로 각각 나누어지니 이들 세 부류의 아이들을 선생님 혼자서 다 챙겨야 한다.

수업을 마치자마자, 어디로 가야 할지 모르는 아이들이 쉬지 않고 내게 물어본다.

"선생님, 저 이제 어디로 가야 해요?"

"선생님, 방과 후 수학 수업은 어디서 해요?"

"선생님, 저 화장실 다녀올게요."

"선생님, 집은 어떻게 가요?"

아이들의 질문이 소나기 같이 한꺼번에 쏟아진다. 소낙비에 머리끝부터 발끝까지 흠뻑 다 젖었다. 그래도 천만다행인 건 전담 선생님들이 도와주러 오신 거다. 개학 첫날이라 방과 후 선생님들과 돌봄 선생님까지 오셔서 아이들을 챙겨주신다. 눈물이 나올 정도로 고마웠다.

방과 후 수업이 막 시작되었는데, 학부모 한 분의 전화가 걸려온다.

"선생님, 저희 시훈이 방과 후 역사 수업 신청했는데 장소 좀 챙겨주세요."

"아, 네. 알겠습니다."

학부모 한 분이 뒤늦게 아이의 방과 후 수업이 있다고 알려주시니, 예정에 없던 일로 몸과 마음이 더 바빠졌다. 집에 가려고 복도에 줄을 서서 기다리고 있던 아이를 교실로 불러온다. 그 외에도 교실에는 방과 후 선생님을 놓쳐 아직 장소를 못 찾고 헤매는 아이들이 많다. 그 아이들을 챙겨서 3층과 4층에 있는 방과 후 교실을 몇 번이나 다녀왔다. 그렇게 방과 후 교실에 가는 아이들과 돌봄 교실에 가는 아이들을 다 챙겨주고 나니 다리가 완전히 풀렸다.

이제 집에 가는 아이들을 교문 앞까지 데려다주기만 하면 오늘 일과는 끝이다. 복도에서 기다리고 있던 아이들을 데리고 터벅터벅 교문을 향하는데, 그곳에 학부모님들이 구름같이 모여 있다. 생애 처음 초등학교에 입학한 아이들의 하교하는 모습을 보러 나오셨다.

영상으로 자녀를 담는 분들, 아이가 한 걸음 한 걸음 뗄 때마다 사진을 찍어주는 분들, 자녀를 와락 안아주며 "오늘 어땠어?", "수고했어!"라고 말해주는 분들… 그 따뜻하고 정겨운 모습을 한동안 넋을 놓고 가만히 바라보았다.

그런데 순간 뭔가 허전하고 쓸쓸했다. 다들 아이들은 반갑게 맞아주는데 정작 '수고했어'라고 내게 한마디 해주는 사람이 없으니 몸에 힘이 쪽 빠졌다. 아이들을 한 명 한 명 부모님들께 안겨드리고 교실로 돌아오는 길에 '도도쌤, 오늘 정말 수고 많았어!'라고 내가 나를 위로해주니 그래도 한결 기분이 나아졌다.

온종일 뛰어다니느라 다리에 힘이 빠져 느릿느릿 교실로 가는데, 복도에서 한 아이가 울면서 내게 달려온다.

"선생님, 선생님, 흑흑흑… 집에 가는 거 어떻게 하는지 까먹었어요."

입학식 첫날이라 학교가 낯설어 길을 잃은 아이를 또 만난다.

"몇 반이니?"

"2반이요."

아이를 2반 담임선생님께 데려다주니, 자신의 담임선생님을 만나 안심이 되었는지 울음을 뚝 그친다. 학교의 모든 것이 낯설고 두렵기만 한 1학년 아이들이다. 오늘 두 번이나 길을 잃은 아이를 만나 도와주었다.

아이를 무사히 학부모님께 데려다주고 온 2반 선생님이 내게 다가오더니 의미심장한 말을 툭 던진다.

"오늘 과연 끝났을까요?"

순간 그 말에 너무 공감되어 2반 선생님이랑 같이 웃었다. 일이 다 끝났다고 생각하면 어디선가 또 다른 일이 발생하여 항상 긴장할 수밖에 없는 1학년 담임선생님의 마음을 적절하게 표현한 것이다.

1학년 담임선생님의 역할이 이렇게 막중한 것임을 오늘 온몸으로 겪는다. 언제 어디서 무슨 일이 일어날지 알 수 없으니 절대 마음을 놓을 수 없는, 항시 긴장해야 하는 1학년 담임선생님이다!

"자! 이제 우리도 밥 먹으러 출발할까요?"

1학년 부장님의 말에 따라 첫날 수고하신 1학년 담임선생님 모두가 함께 급식실로 향한다. 모든 것이 생소하기만 한 아이들 급식 지도에 집중하기 위해서라도 입학식이 있는 첫 주는 아이들이 하교한 후 1학년 선생님만 따로 점심을 먹기로 약속했었다.

첫날부터 수업 중에 아이 한 명이 사라져, 그 아이를 찾느라

온 학교를 다 돌아다니신 7반 선생님이 옆에 보인다. 선생님 한 분이 장난 반 진담 반으로 "7반 선생님, 밥이 넘어가나요?"라고 물으니 말은 하지 않고 고개만 연거푸 절레절레 젓는다. 맘고생을 얼마나 많이 했는지 밥이 넘어갈 리가 없다. 밥을 국에 말아 억지로 삼킨다.

　나도 밥을 한 숟갈 떴는데 목구멍을 넘어가는 밥이 쓰다. 7반 선생님처럼 국에 밥을 말아 먹으니 그나마 좀 넘어간다. 텅 빈 급식실에 1학년 담임을 맡은 일곱 선생님들이 뒤늦게 모여 밥을 먹는데, 아무도 말이 없다.

 1학년 학부모님께!

개학 전에 담임선생님께 아이들 방과 후 정보와 하교 방법을 꼭 알려주시기 바랍니다. 담임선생님이 사전에 정확히 파악하고 있어야 자녀가 하교하는 데 도움을 줄 수 있습니다. 그리고 자녀에게도 수업 후 일정에 대해 꼭 알려주시기 바랍니다.

05

둘째 날, 아이들 점심 먹이기

어제 하루 경험했을 뿐인데, 1학년 아이들과 있으면서 가장 힘든 시간이 점심시간이란 것을 이제 자신 있게 안다. 오늘도 아이들을 데리고 밥 먹으러 가는데 손 씻기부터 순탄치 않다. 여자 화장실 안에서 지은이가 나오지 않는다. 모두가 줄을 선 채 출발하지도 못하고 하염없이 지은이를 기다린다.

그러다 갑자기 한 아이가 급하게 내게 달려온다.

"선생님, 저 여기 엄지손가락에 피가 나요. 밴드 좀 붙이러 가면 안 되나요?"

"그래, 얼른 밴드 붙이고 와요!"

내가 말을 해놓고는 금방 후회가 된다. 한 명이 자리를 벗어나기 시작하면 덩달아 다른 아이들도 계속 사라지기 때문이다. 화장실에서 안 나오는 아이, 밴드 붙이러 간 아이, 어디서 장난친다고 보이지 않는 아이… 급식 시간은 정해져 있는데 계속해서 시간이 지체되니 오늘 급식을 무사히 마칠 수 있을지 걱정된다.

"선생님, 언제 가요?"

"선생님, 빨리 가요. 배고파 죽겠어요."

줄 서서 기다리는 여자아이들이 빨리 가자고 보채기 시작한다. 눈치 없는 남자아이들은 그 소릴 들은 건지, 만 건지 장난치느라 여념이 없다. 그걸 보고 가만히 있지 못하는 나의 잔소리가 시작된다.

"줄 똑바로 서요. 장난치지 말고 줄 똑바로 서세요…."

다행히도 화장실에 있던 지은이가 나왔다. 왜 늦었냐고 물어볼 시간도 없다. 흐트러진 줄을 다시 한 줄로 세우기 위해 어제 가르쳐준 구호를 다 같이 외친다.

"1학년!"

"5반!"

인원수를 재빠르게 확인하니 다 있다. 드디어 밥을 먹으러 출발한다.

그런데 아직 끝난 게 아니었다. 줄지어 급식실로 가고 있는데 이번엔 민수가 달려온다.

"선생님, 태경이가 제 마스크를 당겨서 마스크 끈이 떨어졌어요."

"마스크는 있어?"

"네, 가방에 하나 있어요."

"그럼, 얼른 교실로 가서 새 걸로 바꾸자."

아이의 마스크 끈이 끊어져 또 급식실 가는 걸 방해한다. 최대한 마음을 가라앉히려고 하는데 잘 안 된다. 정해진 우리 반 급식시간에서 벌써 5분이나 지났다. 너무 늦었다는 생각에 속은 바싹 타들어 간다.

마스크를 교체한 민수가 드디어 합류했다. 남자 한 줄 13명, 여자 한 줄 14명. 총 27명. 다 있다. 허둥지둥 급식실로 내려가는 내 머릿속엔 '제시간에 밥을 먹을 수 있긴 한 건가?'라는 생각밖에 없다.

급식실 안, 사회적 거리를 유지하라는 파란색 바닥 표시는 아이들에게 장식품이다. 둘이 붙어 장난치지 말라고 해도 어느새 모여 장난을 치고 있다. 자세히 보니 제자리에서 뱅글뱅글 도는 아이, 자동 손세정기에 손을 빠르게 넣었다 빼는 아이 등 급식실 안이 또 다른 놀이터다. 다른 선생님 눈치 보느라 민망해서 얼굴을 못 들겠다.

'애들아, 선생님 좀 도와주라! 제발!'

겨우겨우 아이들이 자리에 앉아 밥을 먹기 시작하는데, 소정이가 급히 달려온다. 불안한 예감은 어김없이 적중한다.

"선생님, 화장실 가고 싶어요."

'어! 화장실을 분명 조금 전에 갔다 왔는데 화장실이 또 가고

싶다고?'

급하게 영양사 선생님에게 달려가 물으니 다행히도 급식실 안에 화장실이 있다고 한다. 소정이를 데리고 화장실에 갔다 오니, 평소 화장실을 자주 가던 시훈이도 달려온다.

"선생님, 저도 화장실 가고 싶어요."

머리가 지끈 아파온다. 시훈이를 화장실로 데려다주는데 마음이 안 놓인다. 밥 먹고 있는 우리 반 아이들이 떠들고 장난칠까 봐 계속 신경이 쓰인다. 역시나 갔다 오니 우리 반 아이들이 제일 시끄럽다. 그 와중에 호기심 많은 민정이가 내게 와서는 말을 건넨다.

"선생님, 왜 선생님은 밥을 안 먹어요?"

"음…"

아이들을 급식 지도한 후에 선생님들은 나중에 따로 먹기로 했지만, 그렇지 않더라도 이 상황에 밥이 들어갈 리가 없다. 아이들을 화장실에 데려다주고, 발로 장난치는 아이들 못하게 말리고, 밥은 안 먹고 이야기만 하는 여자애들 조용히 시키고… 할 게 너무 많다. 그러니 밥을 못 먹는 게 당연하다. 담임선생님이 밥을 안 먹어 걱정돼서 해준 말인데 내가 마음이 바빠 민정이에게 고맙다는 말도 못 했다.

그나저나 1학년 아이들 급식 먹이는 일은 정말 극한 체험이다.

1학년 학부모님께!

학교는 단체생활이라 기다리는 일이 참 많습니다. 아이들이 많아 밥 먹는 것도 줄을 서서 기다려야 하고, 화장실 가는 것도 기다려야 하고, 심지어 발표하는 것도 기다려야 합니다. 어쩌면 기다림을 배우는 곳이 학교가 아닌가 합니다. 가정에서도 '학교는 단체생활이라 좀 힘들어도 참고 기다려야 한다'고 자주 이야기해주세요.

급식실 나가는 문 근처에서 기다리세요

아이들이 밥을 다 먹었다. 이제 최대의 난코스인 식판에 남은 밥을 버리는 일이 남았다. 첫날은 급식 도우미 선생님들과 전담 선생님들이 도와주셔서 참 수월했다. 하지만 오늘은 다르다. 전담 선생님들은 수업이 있어 못 도와주시고, 급식 도우미 선생님들도 각자의 일에 바쁘시다. 오롯이 담임선생님이 다 해결해야 하는 상황이다.

숟가락 젓가락을 한 손으로 든 채 무거운 스텐 식판을 양손으로 받쳐 든 아이들이 비틀거리며 남은 밥을 버리는 곳으로 간다. 한 아이가 "선생님, 숟가락 젓가락이 있어 버리기 불편해요. 숟가락 젓가락부터 버릴래요"라고 말한다.
아이 말대로 숟가락 젓가락을 먼저 버리면 밥을 버리기 편할 것 같아 내가 "그래"라고 말했다. 그 말을 하는 순간, 예상치 못한 일이 발생했다. 남은 밥 버리는 줄과 수저 버리는 줄이 뒤엉켜 아수라장이 된 것이다.

그 일을 수습하기도 바쁜데, 식판 정리가 끝난 아이들에게 "급식실 나가는 문 근처에서 기다리고 있어요"라고 말해 버렸다.

그때부터 급식실 출구 근처에 밥을 다 먹은 우리 반 아이들이 모여 이상한 행동을 하기 시작했다. 기다리기가 지루했는지 창문 보호용 철봉 위로 매달리기 시작한 거다. 하나, 둘, 셋, 넷, 다섯… 아이들이 늘기 시작하더니 급기야 창밖을 보고 '우우우' 소리치기 시작했다.

급식실 봉에 매달려 우우우 소리를 내는 아이들

잔반 처리를 도와주느라 손 쓸 수 없는 나는 순간 눈앞이 캄캄했다. 아이들의 '우우우' 소리가 갈수록 커지는데 어디라도 들어가 숨고 싶은 심정이었다.

출구 가까이에서 밥을 먹던 3학년 아이들이 밥은 안 먹고, 두 눈을 똥그랗게 뜨고 웃음을 겨우 참으며 우리 반 아이들만 쳐다본다. 그 넓은 급식실에 있는 학생들이 모두 우리 반 아이들을 쳐다보는 것 같았다.

다행히 이 상황을 알아차린 영양사 선생님이 나를 도와주신다. 내가 재빠르게 달려가 우리 반 구호를 외쳤다.

"1학년!"

"5반~!"

구호 소리가 이럴 땐 또 왜 이렇게 큰지…. 서둘러 급식실 밖으로 아이들을 데리고 나오는데 얼굴이 화끈거린다. 식판 정리가 끝난 아이들에게 '정해진 자기 자리로 가서 앉아서 기다리세요'라고 해야 했는데, 출구 근처에 있으라고 한 나의 지시가 후회되었다.

부끄러움은 제쳐두고 얼른 반 아이들 수를 헤아린다. 남자 12명, 여자 14명. 남자아이 한 명이 보이지 않는다.

"남자 한 명이 안 보이는데…"

두리번거리던 아이들이 한목소리로 "선생님, 민천이가 다른 쪽으로 가던데요"라고 말한다. 황급히 주변을 둘러보니 급식실 앞문 근처에서 장난치고 있는 민천이가 보인다. 반 친구들이 줄을 서고 있는지도 모르고 문이랑 장난치고 있었다.

민천이가 오면서 이제 남자 13명, 여자 14명이다. 우리 반 아이들이 다 있는 이 상황이 너무 기뻐서 눈물이 나올 뻔했다.

아이들을 모두 하교시킨 후, 텅 빈 급식실 한편에 1학년 선생님들이 앉아 뒤늦게 밥을 먹기 시작한다. 하지만 다들 입맛이 없는지 지친 표정에 밥을 한 숟갈 들었다 만다. 밥이 쓰다. 어제보다 훨씬 더 쓰다.

그보다 목이 따갑고 아프다. 얼마나 똑같은 말을 반복해서 많이 했는지 목 안이 쓰라릴 정도다. 그날 내 귀에는 봉에 매달려 우우우 소리치는 우리 반 아이들 소리가 메아리로 남아 귓가를 떠나지 않았다.

1학년 학부모님께!

1학년 아이들이라 급식 지도에 손이 많이 갑니다. 잔반 처리가 특히나 힘든데 자녀들에게 잔반을 한 곳에 모아 버릴 수 있도록 알려주세요. 한편, 급식실에서 아이들이 밥과 채소 반찬을 정말 많이 남깁니다. 교실에서 밥과 채소의 중요성에 대한 그림책을 종종 읽어주는데 그런 날엔 아이들도 밥과 채소 반찬을 많이 먹습니다. 가정에서도 편식과 관련한 그림책을 자주 읽어주세요. 그리고 많은 초등학교에서는 포크를 사용하지 않으니 당장 편한 포크보다 젓가락 사용을 할 수 있도록 가정에서도 지도바랍니다.

CHAPTER 2

초등학교 1학년
담임이란?

01

우유 맛없어요!

"선생님, 배고파 죽겠어요."

"밥 언제 먹으러 가요?"

"힘이 하나도 없어요."

오전 10시가 조금 넘어가니 새끼 새가 밥 달라고 입을 쩍쩍 벌리듯 아이들이 배고프다고 난리다.

"그래! 그럼, 우유 먹자."

안 그래도 아이들에게 우유 먹일 시간을 고민하고 있었는데 잘됐다 싶다. 그런데 내 말에 아이들 표정이 영 못마땅하다.

'이 우유가 아니에요. 저희가 원하는 건 맛없는 우유가 아니라고요!'

선생님을 쳐다보는 아이들 표정이 그렇게 소리치고 있다.

그때 한 아이가 툭 말을 던진다.

"우유 맛없어요!"

1학년 아이들은 듣는 사람 기분도 생각 안 하고 생각나는 대로 다 말한다. 이럴 땐 담임으로서 속상하다. 듣는 사람을 좀 생각도 하고 예쁘게 말했으면 좋겠는데….

한 아이가 우유 맛없다고 하니 다들 덩달아 한마디씩 덧붙인다.

"저도 우유 못 먹어요."

"저도요."

"저도요, 우유 안 먹을래요!"

우유를 안 먹겠다는 아이가 순식간에 열 명 가까이로 늘어났다. 우유를 원래 못 먹는 건지, 맛이 없어서 안 먹는 건지 도통 알 수가 없다. 우유를 안 먹겠다는 아이를 억지로 먹일 수는 없고…. 순간 온갖 생각이 다 든다.

'이럴 때일수록 침착하자, 침착!'

차분히 아이들에게 말한다.

"우유 못 먹는 사람은 선생님께 가져 오세요."

내 말이 떨어지기가 무섭게 아이들이 우르르 몰려나와 내 책상 위에 우유를 두고 간다. 책상 위에 우유가 점점 쌓인다.

우유를 두고 가며 한 아이가 또 툭 말을 던진다.

"딸기 우유도 나오나요?"

"… 아니요."

"초콜릿 우유는요?"

"… 아니요."

내가 하는 '아니요'란 말에 아이가 금방 실망의 표정을 보였다.

그 아이만 실망한 게 아니다. 두 귀를 쫑긋하고 딸기 우유의 '딸기'와 초콜릿 우유의 '초코'가 들리기를 간절히 바란 우리 반 아이 모두가 실망했다.

어쨌든 지금 중요한 건 내 책상에 산더미처럼 쌓인 우유를 빨리 처리해야 한다는 사실이다.

선생님 책상 위에 쌓인 우유들

'아 이러면 되겠구나!'

갑자기 머릿속에 좋은 생각이 떠오른다.

"우유 못 먹는 사람은 부모님께 말씀드리고, 담임선생님에게도 알려주세요. 신청서 작성하면 1년 동안 우유 못 먹는 거예요. 부모님하고도 전화해볼 거예요."

"…"

순간 아이들 표정과 태도가 확 달라진다.

"선생님, 우유 먹을 게요."

"선생님, 저도요."

아이들 심리를 역으로 이용한 것이 주효했다. 1년간 우유를 못 먹을 생각을 하니 아이들도 아차 싶었던 거다. 내 책상에 쌓였던 우유들이 다시 아이들 손으로 옮겨갔다.

"우유 못 먹겠으면 먹다가 남겨도 됩니다."

그리고 마지막으로 한 마디 덧붙이는 걸 잊지 않았다. 왜냐하면 어제 다른 반 학생이 우유를 먹다가 토했다는 이야기를 내가 들었기 때문이다. 괜히 억지로 먹이려다가 애들 토하게 할 필요는 없을 것 같았다.

아이들에게 우유를 먹이는 것도 이렇게 힘이 든다. 1년 동안 매일매일 우유와 전쟁을 벌여야 한다고 생각하니 마음이 답답하다. 그런데 아이들이 좋아하는 딸기 우유랑 초콜릿 우유가 매일 나오면 아이들은 잘 먹을까? 그것이 궁금하긴 궁금하다.

1학년 학부모님께!

아이들은 학교에서 나오는 흰 우유를 별로 안 좋아합니다. 그
래서 많이 남깁니다. 학기 초에 아이들과 충분히 상의해서 우
유 급식 여부를 결정하시는 게 좋습니다.

02

선생님 손도 그렇네!

아이들 점심시간에 한 번씩 특별 간식이 나온다. 아이스크림, 과일 푸딩, 짜 먹는 요구르트, 견과류, 그리고 과일(바나나, 딸기, 사과, 파인애플, 오렌지 등)이 해당된다. 이런 간식이 나오면 아이들 눈에 레이저가 나온다.

"선생님, 아이스크림 먼저 먹어도 돼요?"

밥을 먹기도 전에 질문이 빗발친다.

"밥 다 먹고 나서 먹어요."

아이들에게 정확한 방침을 얘기해준다. 학기 초에 몇 번 간식부터 먹어도 괜찮다고 했더니 간식만 먹고 밥은 안 먹는 아이들이 보여 방침을 수정했다. 그래도 꼭 선생님 몰래 먼저 먹는 아이들이 있긴 하다. 아이들에게는 밥보다 간식이 훨씬 더 맛있다.

하지만 아이들 급식 지도를 해야 하는 선생님들에게 간식이 썩 반갑지만은 않다. 간식이 나온다는 건 밥을 다 먹고 간식을 또 먹어야 한다는 말, 즉 식사시간이 늘어난다는 말이다. 간식을 밥보다 더 천천히 더 맛있게 먹으니 자연히 식사시간은 훨씬 더 지체된다. 이렇게 늦게 먹는 1학년 아이들 때문에 다른 학년이 자리에 못 앉아 발을 동동 구르는 경우를 몇 번이나 봤었다.

또 다른 문제도 있다. 아이들이 간식들 껍질을 까고, 포장 뚜껑을 여는 게 힘들어 선생님이 도와줘야 한다는 거다.

"선생님, 이거 까주세요."

"선생님, 이거 좀 열어주세요."

나부터 먼저 해결해달라는 아이들의 간절한 외침이 곳곳에서 들려온다. 어느 날은 열 명 이상 아이들의 견과류 봉지를 까주다가 내가 밥을 제대로 먹지 못한 적도 있었다.

오늘은 간식으로 바나나가 나왔다. 1학년 아이들이 급식실에서 처음 먹는 바나나다. 아이들 모두가 바나나 먹을 생각에 밥은 눈에 들어오지도 않는다. 먼저 밥을 다 먹은 아이가 내게 바나나를 들고 온다.

"선생님, 바나나가 잘 안 까져요."

"알았어. 한 번 보자."

바나나 꼭지 부분이 생각보다 아주 단단하다. 여덟 살 아이들 손으로 비틀어 까기엔 무리다. 내가 해봐도 힘이 꽤 많이 들어가 손이 아플 정도다.

지나가던 6학년 선생님이 내 모습을 보고는 아이들 바나나를 미리 다 까주라고 슬쩍 말을 던진다. 당장 20명이 넘는 아이들 바나나를 다 까줘야 하나 싶다.

"선생님, 안 까져요."

"저도요."

"저도."

여기저기서 바나나 껍질을 까달라고 난리다. 한 아이의 바나나를 까주기가 무섭게 다른 아이가 다가온다.

"선생님! 이거 좀 까주세요."

6학년 선생님 말씀이 맞았다. 끝이 없다. 결국은 아이들이 밥을 먹고 있는 동안 내가 아이들 자리를 돌아다니며 바나나 꼭지 부분을 비틀어 까주었다. 자기가 하겠다고 말하는 아이와 미리 까서 먹는 아이들이 순간 그렇게 고마웠다.

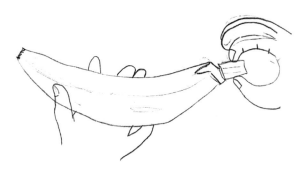

아이들의 바나나 꼭지를 비틀어 껍질을 까주었다

아이들을 모두 하교시키고, 1학년 연구실에 와 "휴~" 한숨을 돌린다. 다른 선생님 두 분도 연이어 "휴~" 하며 한숨을 내쉰다. 오늘 하루를 반 아이들과 치열하게 보내신 1학년 선생님들의 한숨 소리에서 동지애가 느껴진다.

그렇게 휴식을 취하며 정신을 차렸을 때, 내 손톱 색깔이 평소랑 다르다는 것을 알았다.

"오늘 애들 바나나 까준다고 엄지손톱 끝이 시커멓네."

내 말에 두 분 선생님도 동시에 말한다.

"저도요."

"저도 그런데."

선생님들 엄지와 검지 손톱 아래에 똑같이 바나나 검정물이 들어 있다. 이어 들어온 선배 선생님이 그런 우리를 보고 깔깔깔 웃으신다. 무슨 영문인지 모르고 바라보는 우리를 향해 1학년 부장님이 이유를 알려주신다.

"역시 경험 있는 선배한테 배워야 해. 선생님은 미리 장갑 끼고 준비하고 있더라고. 장갑을 끼고 여유 있게 아이들 바나나를 하나씩 까주고 있더라고…"

역시 1학년을 오래 하신 경륜은 쉽게 따라갈 수가 없다. 우리는 선배 선생님에게 존경 어린 눈빛을 보냈다. 그날 우리는 바나나 껍질을 20개 이상 까주면 엄지와 검지 손톱 밑이 까맣게 된다는 걸 처음 알았다.

하지만 다시 생각해보니 시커멓게 물든 선생님들의 손톱은 오늘 하루 아이들을 위해 수고한 흔적이었고, 훈장이었다. 잘 지워지지도 않고 보기는 좀 그랬지만, 아이들을 도와준 것만으로 뿌듯했다.

 1학년 학부모님께!

맛있는 간식이 나오는 날엔 아이들이 너무나 좋아합니다. 교실에서는 자주 볼 수 없는 행복한 표정을 볼 수 있으니 저까지 즐거운 시간입니다. 가정에서 아이들과 놀이 삼아 포장 봉지나 뚜껑을 열고, 과일 껍질을 까는 연습을 해보세요. 아이들에게 스스로 하는 힘을 키워 주는 좋은 기회가 될 겁니다.

03

아이들이 집으로 가고 난 뒤

아이들이 집으로 돌아가고 난 뒤의 텅 빈 교실. 뜯지도 않은 우유들이 책상 이곳저곳에 덩그러니 놓여 있고, 종잇조각들이 교실 바닥에 나뒹굴고 있다. 아이들이 떠나도 아이들의 자취는 곳곳에 남아 있다.

빗자루와 쓰레받기 세트를 꺼내 큼직한 종잇조각들을 쓸어 모아 버린다. 그리고 교실 구석구석을 다니며 청소기로 먼지를 빨아들인 다음에 먼지통을 분리해서 휴지통에 '탁탁탁' 턴다. 끝으로, 책상 줄을 파란 선에 맞춰 정리하면 나의 2차전인 청소가 끝난다.

방금 청소를 끝내고 깨끗해진 교실을 보니 기분이 한결 나아진다. 오늘 하루를 정리할 겸 자리에 앉으니 아이들을 가르친 내용은 하나도 생각이 안 나고, 희한하게도 아이들을 도와줬던 일들만 생각난다. 수업시간이나 쉬는 시간 할 것 없이 힘들면 내게 달려와 도움을 청했던 아이들 얼굴이 파노라마처럼 펼쳐진다.

어느새 내 옆에 다가온 지민이가 모기만 한 소리로 나를 부른다.
"선… 새… 님…"
"… 좀 더 크게 말해 줄래?"
"선생님… 물통이…"
물통을 쑥 내미는 지민이, 열어달라는 모양이다. 생각보다 뚜껑이 꽉 닫혀 있어 1학년 여자아이 힘으로 열기에는 힘들 수도 있겠다 싶다. 꽉 닫혀 있는 물통 뚜껑을 열어준다. 꽉 닫혀 있는 아이 마음이 열린다. 별 것 아닌 일에 내 마음도 뿌듯하다. 기분 좋게 자리로 돌아가는 지민이. 내겐 아무것도 아니었지만, 꽉 닫힌 물통 뚜껑을 여는 일이 아이한테는 아주 큰일이었던 거다.

이상하게 수업을 마치고 나면 아무렇지도 않은 이런 일들이 생각난다.

"선생님…"
다섯 살 아이 같은 목소리로 나를 부르는 경철이가 우유를 들고 내게 온다.
"선생님… 안 열려요. 열어주세요."
"음. 알았어."

우유를 마시기 위해 우유갑을 펼쳤다 다시 오므려 여는 일은 힘이 꽤 들어간다. 엄지와 검지의 협동 기술도 필요하다.

"경철아, 엄지와 검지로 입구를 펼쳐서 힘을 세게 모아 봐. 알겠어?"

스스로 할 수 있기를 바라며 아이 앞에서 직접 여는 모습을 보여준다.

"네. 고맙습니다."

목이 많이 말랐던지 우유를 벌컥벌컥 마시는 아이의 표정이 밝아 보인다.

"선생님, 손가락이 아파요."

자세히 보니 선영이의 엄지손톱 윗부분에 살이 까져서 피가 난다.

"약 발라줄까?"

아이가 고개만 끄덕인다.

"밴드도 붙여줄까?"

역시 고개만 끄덕인다. 내가 약을 바르고 밴드를 붙여주었더니, 선영이는 신경 쓸 게 사라져서 좋은 건지, 선생님이 직접 밴드를 붙여줘서 기분이 좋은 건지 발걸음이 가볍다.

아이들을 집으로 돌려보내고 텅 빈 교실에 혼자 앉아 있으면 수업시간에 우유갑 열어 달라고 나오고, 물통 뚜껑 열어 달라고 나오고, 손가락 아프다고 나오고… 내게 도와달라고 나오는 아이들 얼굴이 영화 장면처럼 떠오른다. 그때마다 수업은 뚝 뚝 끊겼지만, 나의 손길이 아이들에게 도움이 되었다면 그걸로 된 거다. 그렇게 머릿속으로 오늘 하루를 되감아본다.

 1학년 학부모님께!

아직 도움의 손길이 많이 필요한 1학년 아이들입니다. 교실에서 선생님이 도와주려고 많이 노력합니다만, 곁에 있는 친구에게 도움을 먼저 구해보라고 이야기해주세요. 도움 요청하는 것도 공부가 되기 때문입니다. 1학년 아이들은 친구들을 정말 잘 도와주니 걱정 안 하셔도 됩니다. 무엇보다 도와준 친구와 금방 친해질 수도 있으니 일석이조랍니다.

04

잔소리, 잔소리, 잔소리

처음으로 1학년을 맡아 여덟 살 아이들과 지내다 보니 말 안 듣기로는 우주 최강이다. 방방 뛰며 복도를 무법천지로 만드는 아이들에게 잔소리를 안 할 수가 없다.

"줄 똑바로 서세요."

"간격 유지하고요."

"친구들 만지지 마세요."

"장난치지 말고요."

오전에 그림책 수업은 잘하더니, 점심시간 줄서기부터는 일명 '멘붕'이 되었다. 줄은 안 서고 친구들끼리 장난치느라 정신이 없다.

"줄 똑바로 서세요."

선생님의 말에 아무런 반응이 없다. 벽을 보고 혼자 이야기하는 건가 싶다. 안 되겠다 싶어 우리 반 구호를 힘껏 외친다.

"1학년!"(나)

"5반!"(아이들)

앞에 있는 몇 명만 구호를 외치고, 나머지는 여전히 노는데 정신이 팔려 있다.

"바른!"(나)

이거는 통하겠지 생각했는데

"자세!"(아이들)

달랑 대여섯 명만 대답한다.

"박수 11번!"(나)

"짝짝 짝짝짝 짝짝짝짝 짝짝!"(아이들)

아이들이 좋아하는 손 박수를 쳐봐도 아무런 소용이 없다. 줄 세워 밥 먹으러 가긴 아예 틀렸다.

"선생님, 정훈이가 밀쳐요."

"선생님, 민형이가 장난쳐요."

줄도 엉망인데 친구들이 다툰다고 일러주기까지 한다.

그렇게 일러주는 아이에다 장난치는 아이까지 제각각이니 내가 쓰러지기 일보 직전이다. 게다가 여자아이들 줄은 평소보다 훨씬 짧다. 눈으로 빠르게 숫자를 확인해보니 3명이 없다. 교실 안에 있는 것 같은데 저희끼리 무슨 일이 있는지 내 눈치만 살피며 나오지 않는다.

"휴~"

한숨이 절로 나온다.

급식실 안에서도 평소 나를 힘들게 하는 남자아이 둘이 나를 막다른 코너로 몰아붙인다. 장난치는 아이들을 신경 쓰느라 미처 살피지 못한 사이에 '혼자만의 세상별에서 온 아이' 둘이 나란히 앉아서 밥을 먹게 된 것이다(학기 초에 둘 사이가 너무 좋지 않아 내가 둘 사이에 앉아 밥을 먹었고, 그 이후로는 떨어져서 먹었다).

"선생님. 민천이가 밥 먹는데 자꾸 방해해요."

"아니에요, 정훈이가 먼저 그랬어요."

상대방이 먼저 잘못했다며 급식 가림막을 두드리고, 소리까지 지른다(코로나19 상황이라 급식실 자리마다 가림막을 설치해 놓았다).

'최대한 침착하게 대응하자. 이 난감한 상황을 침착하게 해결하자.'

몇 초 안 되는 짧은 시간에 최선의 해결책을 떠올려 본다.

"그럼 가위바위보를 해서 지는 사람이 자리를 양보하자."

그런데 가위바위보에서 진 민천이가 양보하기 싫단다. 천만다행으로 정훈이 옆에서 밥을 먹고 있던 선민이가 자리를 바꿔주겠다고 한다. 그렇게 둘이 떨어져 밥을 먹으니 아무 문제가 없다.

하지만 그게 끝이 아니었다. 급식 회전의자 위에 배를 올려 몸을 뱅글뱅글 돌리며 깔깔깔 웃고 장난치는 아이들, 가림막 플라스틱 고무 받침대를 빼서 서로 가지겠다고 다투는 아이들, 뒤돌아보고 이야기하는 아이들… 내가 가르치는 반 아이들이 맞나 싶을 정도로 잠시도 가만히 있지를 않는다.

교실로 돌아오는 길에도 평소보다 훨씬 심하게 떠든다. 복도를 뛰어오다 아이 둘은 슬라이딩까지 한다. 급식을 먼저 끝내고 수업 중인 반에서 우리 반 떠드는 소리에 문을 닫아버린다.

드디어 우리 반 교실에 도착했다.

"쾅!"

교실 앞문이 쾅 닫혔다. 그와 함께 내 마음의 문도 쾅 닫혔다.

"모두 엎드리세요. 여러분, 오늘 뭘 잘못했죠?"

"많이 떠들었어요."

"맞아요. 오늘 평소보다 아주 심했어요. 앞으로 줄 설 때 말하지 않고, 장난치지 않습니다. 급식실에서는 절대 말하지 않아요. 복도에서 슬라이딩하지 않고, 뛰지도 않습니다. 옆 반에서 문을 닫아서 선생님이 너무 부끄러웠어요."

"…"

한참이나 잔소리를 했더니 나도 지치고, 아이들도 지쳤다. 아이들을 찬찬히 살펴보니 듣기 싫은 표정이 역력했다. 창밖을 쳐다보는 아이, 멍하게 있는 아이, 눈치를 살피는 아이…. 문득 내가 왜 이렇게 아이들 앞에서 잔소리를 하나 싶었다. 그것도 큰 소리에 화까지 내가며 말이다. 이건 아니다 싶어 감정을 추스르고, 목소리에 힘을 빼 보았다.

갑자기 여유가 생기면서 비로소 아이들이 눈에 들어왔다. 그러면서 현재 상황에서 진짜 중요한 것, 즉 떠든 이유를 아이들에게 물어보았다.

"밥을 먹어서 기분이 좋아 저희도 모르게 그랬어요."

"죄송해요, 선생님. 다음에 잘 할게요."

아이들의 솔직한 대답에 내 화난 마음이 풀어졌다. 단순히 기분이 좋아서 좀 더 떠들고, 좀 더 장난쳤던 아이들에게 지금 더는 잔소리를 할 필요가 없었다.

아이들의 속마음을 알게 되니 자연스럽게 나의 기분도 한결 나아졌다. 잔소리가 아니라 대화가 시작되었다. 아이들 표정도 하나둘 원래대로 돌아왔다. 문제가 생기면 아이들과 대화를 해서 풀어야지 잔소리를 해서 풀어야 할 게 아니었다. 나의 화난 마음을 아이들에게 쏟을 이유가 전혀 없었다.

그날 하나의 깨달음을 얻었으니, 앞으로는 아이들에게 잔소리 대신 대화를 해야겠다고 생각한다. 만약 잔소리를 꼭 해야 한다면 어떻게 해야 하는지도 알았다. 화를 빼고, 힘을 빼고, 아이들

눈을 보고 묻고 이야기하는 거라고. 그게 진짜 잔소리이고 사랑
이라는 걸.

 1학년 학부모님께!

오랜 시간을 많은 아이들과 있으면 선생님도 사람인지라 화가
나는 경우가 있습니다. 아이들이 예의 바르지 못한 말과 행동
을 할 때는 물론 잔소리를 합니다. 잔소리를 해야 할 경우에는
최대한 부드럽게 하고, 아이들 마음을 다치지 않게 하려고 노
력합니다. 가정에서도 자녀의 올바른 행동과 말을 위해 애써
주시기 바랍니다.

05

아이들은 선생님 목과 눈이
이렇게 아픈 걸 알까?

선생님들은 아이들을 가르치기 위해 말을 많이, 그것도 크게 해야 한다. 특히 1학년 선생님은 그 정도가 심하다. 평소 목소리 크기가 '2'라면 교실에서는 두 단계 더해져 '4'가 되는 게 1학년 선생님이다. 말을 많이 하고 크게 하다 보니 선생님들 목에 무리가 안 갈 수가 없다. 여자 선생님들 목소리가 걸걸해진 건 예사고, 대부분의 선생님이 목과 관련된 질병에 자주 시달리는 것 같다.

선생님 한 분이 목이 안 좋아 병원 예약을 했다고 하니, 다른 선생님들도 성대결절에다 갑상선에 문제가 있다고 그런다. 지금껏 전혀 내색하지 않으시고 목소리에 열정을 실어 아이들을 지도하는 모습을 보았는데, 병원 예약까지 하셨다니 마음이 찡했다. 내가 선생님이 되지 않았다면 많은 선생님들이 목 때문에 고생하고 있는지 상상도 못 했을 것이다.

교직 13년 차인 나는 보통 학기 초인 3월과 9월에만 목이 잠시 아프고 말았는데, 1학년을 가르치는 올해는 확실히 다르다. 목 안이 한 달 넘게 따갑다. 목이 너무 따가워서 손수건을 목에 두르고 출근한 날이 5일 등교에 3일 꼴이다. 그걸 보고 친한 선생님한 분은 1980년대 하이틴스타 패션이냐고 농담까지 던진다. 따뜻한 꿀물차를 마시고, 목에 좋다는 도라지차를 마셔봐도 별 소용이 없다. 수업 중간중간 따뜻한 물을 마시기는 하는데 그때뿐이고, 말을 하면 다시 아프다.

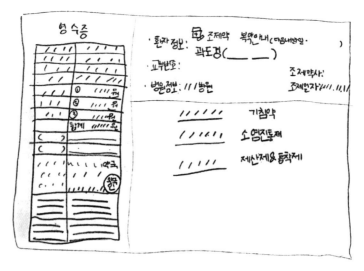

목이 아파 병원에서 약을 처방받았다

병원 진료를 차일피일 미루다가 딸아이 코감기 때문에 들른 소아과 의사 선생님께 진료를 보았다.

"제가 목 안이 아주 따가워서요. 목 주변이 아프기도 하고요."

"얼마나 되었나요?"

"3주 넘었어요."

"네?"

상당히 놀라시며 목을 살펴보시더니 대뜸 이러신다.

"쉴 수 있나요?"

"아니요…."

"쉬는 게 제일 좋은데, 지금 목이 많이 부었어요. 기관지염이에요. 약 먹고 따뜻한 물 많이 마시세요."

그날 병원에서 쉴 수 있냐는 의사 선생님의 말에 순간 울컥했다. 쉬고 싶어도 우리 1학년 아이들 때문에 못 쉬는 나 자신이 정말 안쓰러웠다.

의사 선생님이 처방한 약을 먹고 괜찮아지나 싶더니 슬슬 다시 아프기 시작했다. 수업시간에 조금만 큰 소리를 내도 목이 따가웠다. 심지어 목 주변을 만져 보니 아프기까지 했다.

'이거 혹시 죽을병 아닌가? 안에 혹이 난 건 아닌가? 선생님들이 갑상선암에 잘 걸린다던데….'

계속 아프니까 별의별 생각이 다 들었다.

젊을 땐 사흘이면 낫던 게 나이가 드니 삼십 일이 지나도 낫질 않는다. 결국 수업을 끝내고 조퇴해서 이비인후과에 갔다. 의사 선생님께서 나의 목 안 사진을 보여주는데 위산과 염증이 가득하다.

"식도염이네요."

혹시나 큰 병은 아닐까 무척 걱정했는데, 큰 병이 아니라 하니 마음이 놓였다. 이비인후과에서 준 약을 먹고 3일 지나니 아픈 목이 차츰 괜찮아졌다. 마음이 홀가분해졌다.

그렇게 목은 괜찮아졌는데 이제 눈이 또 말썽이다. 찐득하고 누런 눈곱 때문에 아침에 눈을 뜰 수가 없다. 휴대전화를 못 볼 정도로 눈이 뻑뻑하고, 따갑고 아프기까지 하다. 거울을 보니 실핏줄이 사방에서 벌겋게 가지를 쳐서 내 눈을 장악했다.

이대로 놔둬선 큰일 나겠다 싶어 안과에 갔더니 심한 염증이란다. 며칠 동안 눈에 안약을 넣고 처방한 약을 먹으니 통증이 없어지고, 핏줄과 눈곱도 사라지기 시작했다. 워낙 말을 많이 한 나머지 목에 이어 눈까지 피로해졌나 싶다.

그런데 정작 우리 반 아이들은 담임선생님 목과 눈이 이렇게 아픈 걸 알까? 매일매일 너희들 가르치느라, 집중시키느라, 상담해주느라 목도 아끼지 않고 최선을 다하고 있다는 걸 알기나 할까? 너희들 때문에 선생님이 한 달 넘게 이비인후과랑 안과를 다니면서 전전긍긍한 걸 말이다.

애들아! 담임선생님이 너희들 가르치느라 이렇게 고생이 많단다.

 1학년 학부모님께!

물어보고 또 물어보는 게 여덟 살 아이들의 특징입니다. 그때마다 항상 아이들 처지에서 도와주고, 가르치고, 상담해주시는 분이 바로 1학년 선생님입니다. 한 번씩 자녀들에게 "선생님이 너희들 가르친다고 정말 수고 많다"라고 말해줘도 참 좋을 것 같습니다. 혹여나 '선생님 고맙습니다!'라는 말을 아이들에게 들으면 선생님들은 더 힘을 내어 가르치실 겁니다.

06

상담은 어려워요
– 아이들 마음 들어주기

"선생님, 진짜 대단해요. 어떻게 그럴 힘이 남아 있어요?"

"아, 예, 뭐가요?"

"수업 마치고 보면 항상 애들이랑 남아서 이야기하고 있던데, 안 힘들어요?"

"아! 그거요. 애들 전체랑 있으면 다툰 아이들과 이야기가 안 돼서 남아서 이야기 좀 하는 거예요."

"그래도 그렇지. 그거 다 들어주는 거 보면 정말 대단해요."

"아니에요."

그동안 내가 수업이 끝난 후에 아이들 상담하는 것을 보신 옆 반 선생님이 학년 연구실에서 칭찬을 해주셨다. 그 순간 '아, 그래도 내가 잘하고 있구나!'라는 생각이 들며 스스로 뿌듯했다.

이런 말을 하면 내 자랑 같아 부끄럽지만, 나는 아이들 마음이 잘 보인다. 아이들과 같이 붙어 지내야 하는 선생님으로서 이건 정말로 큰 장점이 된다. 하지만 이런 장점도 아이들의 감정에 하나하나 신경 쓰다 보면 스스로가 지치게 되는 단점이 되기도 한다.

아이들 마음이 잘 보이니, 속상한 아이들 마음을 보고 그냥 지나칠 수 없다. 남의 눈에 잘 안 보이는 우리 반 27개의 마음이 오늘도 내게 말을 한다.

'오늘, 나 심심하니 좀 놀아주세요.'

'선생님, 나 기분 안 좋아요.'

'오늘, 저 기분이 좋아서 날아갈 것 같아요.'

오늘도 쉬는 시간에 속상한 일이 있어 나를 찾아온 아이들이 벌써 5명이나 된다. 한 명씩 순서대로 아이의 감정을 들어주면 아무 문제가 없는데, 기다리기 힘든 아이들이 먼저 자기 맘을 들어달라고 재촉한다. 사정이 그렇다보니 가끔은 상담하러 온 아이들이 기다리다 심심해 다시 다툼이 일어나기도 한다. 의사 선생님처럼 한 명씩 그 증상을 돌봐주면 참 좋겠는데, 반 전체 아이를 동시에 신경 써야 하니 늘 정신없고 힘들다.

오늘 일어난 민천이와 정훈이의 다툼은 내가 좀 더 신경을 썼더라면 사전에 방지할 수도 있었다. 민천이가 점심을 먹고 와서는 앞문을 계속 열었다 닫았다 하는 게 조금 신경 쓰였다. 내가 그렇게 하지 말라고 말하려는 찰나, 앞문으로 들어오는 정훈이 쪽으로 민천이가 문을 쾅 닫는다. 혹시 문에 손이라도 끼었다면… 생각만 해도 아찔하다.

두 아이가 문을 서로 밀고 닫으려 힘 싸움을 하고 있다

다행히 다치지는 않았지만, 둘 사이에 문을 서로 밀고 닫으려는 힘 싸움이 벌어졌다.

"하지 말라고."

"니가 먼저 했잖아."

아이들이 다칠까 걱정되어 내가 얼른 달려가서 말린다. 그리고 두 아이를 수업이 끝난 뒤에 남게 했다.

아이들을 집에 돌려보낸 뒤에 두 아이를 앞에 앉혀 놓고 이야기를 나누었다.

"오늘 무슨 일이 있었지?"

"민천이가 문을 닫아서 제가 못 들어갔어요."

"그래서?"

"저도 문을 세게 밀고, 민천이를 밀쳤어요."

"민천이, 맞나요?"

"네. 하지만 정훈이가 저를 더 세게 밀었어요."

발단은 교실에 들어가고 싶은데 민천이가 문을 닫아서 화가 난 정훈이가 민천이를 밀친 것이다. 그때 민천이는 왜 문을 밀고 닫았을까 궁금했다.

"그런데 민천아, 왜 문을 밀고 닫고 그랬어?"

"손님 문 열어주는 거예요."

"그래, 그렇구나."

"네, 한 명씩 문을 열어주는 거예요."

"그런데, 니가 문 닫았잖아."

내가 민천이랑 이야기하고 있는데, 정훈이가 억울한 심정을 반박한다. 사실 두 아이의 이야기를 듣고 보니 정훈이의 억울한 심정도, 민천이의 말도 다 이해가 된다. 친구들을 위해서 한 명씩 문을 열어주는 민천이의 고마운 마음이 있었지만, 하필 타이밍이 안 맞아 문이 닫힐 때 정훈이가 들어온 것일지도 모른다.

여전히 두 아이의 상한 감정이 평행선을 달린다. 민천이는 아직도 자기를 세게 민 정훈이가 너무 밉다. 정훈이도 교실을 못 들어

가게 막은 민천이가 마냥 밉다.

"아니야, 니가 먼저 힘으로 날 밀었잖아."

"아니야, 니가 문을 밀어서 내가 못 들어갔잖아."

좋은 의도로 상담을 하는데 또 다툼이 날 것 같다. 서로의 잘못을 인정하기가 이렇게 힘들다. 이러다간 끝이 안 날 것 같다. 상담 진행을 멈추고, 잠시 생각에 잠겼다.

문득 관점을 달리해서 문제의 초점을 '안전'에 맞추니 문제의 원인을 '안전'에 초점을 맞추니 다행히 아이들이 수긍하기 시작한다.

"문에서 장난치면 어떻게 되죠?"

"다칠 수가 있어요."

"네, 맞아요."

"민천이가 문 가지고 열고 닫은 건 맞아요?"

"네."

"그럼 문에서 장난치면 위험하니 앞으로 안 그러겠다고 말할 수 있나요?"

침묵 가운데 한참이나 시간이 흐른다. 그러더니 쭈뼛쭈뼛 말을 꺼내는 민천이다.

"정훈아, 내가 문 닫아서 잘못했어. 사과 받아줄래?"

정훈이의 말을 들어보고, 안전에 대해 충분히 생각해본 민천이가 용기를 내어 먼저 사과를 한다. 내심 무척 놀랐다.

"어, 그래. 나도 너 밀쳐서 잘못했어, 사과 받아줄래?"

"그래."

민천이가 먼저 잘못을 인정하니, 정훈이도 바로 자신의 잘못을 인정한다. 그런 아이들의 모습에 내 마음이 다 훈훈해졌다. 아이들의 안 좋았던 표정이 다시 밝아졌다.

"앞문에서 문 열고 닫는 건 아주 위험하니까 앞으로 절대 하지 않도록 해요."

"네."

그렇게 둘의 마음을 들어주었다.

이렇게 긴 이야기를 아이들이 있을 때 하기는 참 힘들다. 내 마음이 조급해져서 오히려 나쁜 결과를 낳을 수도 있기 때문이다. 그래서 아이들이 다 집으로 돌아가고 난 뒤에 편안한 상태에서 상담하는 것이다.

하지만 내가 진심으로 상담을 하긴 하는데, 아이들 마음을 잘 돌봐주고 있는지 확신이 안 갔다. 매일매일 아이들 사이에 크고 작은 일이 끊이지 않고 일어나고 있는 걸 보면 뭔가 잘못하는 건 아닌지 의심하고 자책할 때가 많았다. 그러다 하루는 다른 학교 후배 선생님과 함께 한 저녁 식사에서, 1학년 아이들의 특성에 대해 듣게 되었다.

"형님, 제가 전담이라 1학년 보결 자주 들어가는데 장난 아니에요."(초등학교에서 '전담'이란 한 과목을 전문적으로 담당하는 선생님이다. 과

목은 학교마다 다르며 주로 체육, 과학, 음악 등을 맡아 가르친다. '보결'이란 담임 선생님이 사정이 있어 학교에 못 오거나 일찍 조퇴할 경우, 전담 시간에 쉬는 담임선생님이나 수업이 없는 전담선생님께서 대신 그 반 수업을 한다.)

"진짜? 너희 학교도? 거기 아이들은 어떻노?"

"교실 돌아다니는 아이, 일러주는 아이, 장난치는 아이, 말 안 듣는 아이… 형님, 1학년 아이들 한시도 가만히 안 있어요."

"거기도 그렇냐? 하하하. 눈물이 다 난다."

후배 선생님의 말에 그동안 내가 품어왔던 의심이 잘하고 있다는 확신으로 바뀌었고, 큰 위안이 되었다. 그리고 많은 걸 깨달았다.

'1학년 아이들이니까 자기 말만 하고, 그래서 자주 다툼이 생기는 거구나. 이게 자연스러운 현상이구나!'

'1학년 특성이 바로 다툼, 장난, 고자질이구나!'

'그래서 아이들 감정에 내 감정이 휘둘려 소용돌이치는 것도 당연한 거구나!'

'평정심 유지가 이렇게 힘들구나!'

꼬리에 꼬리를 물고 이어지는 이런 아이들의 솔직한 모습들에 스스로 위안이 되었고, 또한 나의 자리에서 내가 최선을 다하고 있다는 생각이 들면서 마음이 아주 편안해졌다.

우리 반 아이들 27개의 마음이 내겐 보인다. 어쩌면 그 마음을 들어주려고 학교에 가는지도 모른다. 상담은 어렵고 평정심 유지는 더 어렵지만, 아이들과의 상담은 계속된다. 왜냐하면 교실에서 아이들이 제일 믿을 사람은 바로 선생님인 나밖에 없으니까 말이다.

1학년 학부모님께!

조그마한 교실에 많은 아이가 함께 있으면 다툼이 발생할 수밖에 없습니다. 아이들의 다툼을 해결하기 위해 치열하게 하루를 보내는 분이 1학년 담임선생님입니다. 어른들도 다툼이 일어나면 자기 잘못을 인정하기가 어렵듯이 아이들도 비슷합니다. 아무리 사소한 다툼이라도, 설령 자신이 모르고 한 잘못이더라도 남에게 피해가 간다면 내가 먼저 "미안해!", "괜찮아?"라고 말할 수 있는 '따뜻한 마음'을 아이들에게 가르쳐 주세요. 그러면 교실에서는 물론 가정에서도 다툼이 줄어들 거라 확신합니다.

선생님, 지성이가 올렸어요

올해 1학년은 어느 반 할 것 없이 유난히 힘든 아이들이 많다. 작년 한 해 코로나19 때문에 유치원과 어린이집에서 받는 생활교육이 부족했던 탓이 크다고 한다. 교실에서 자는 아이, 지각과 결석을 자주 하는 아이, 대변 교육이 잘 안 되어 고생하는 아이, 조그만 자극에도 반응이 심한 아이, 선생님 말씀은 막무가내로 안 듣고 자기 마음대로 행동하는 아이…. 이런 아이들이 반을 가리지 않고 고루고루 있어 담임선생님들이 매일매일 힘들다.

실제 헤아려 보지는 않았지만, 1학년을 하면서 '선생님' 소리만 하루에 100번 이상 듣는 것 같다. 점심 먹고 집중력이 떨어지는 4, 5교시에는 아이들에게 '앉아라!' 소리와 '바른 자세'를 수도 없이 외친다. 10월이면 어느 정도 학교생활에 적응이 된 것 같은데, 어느 순간 돌발 행동에 확 풀어지는 1학년 아이들이라 도무지 종

잡을 수가 없다.

매일매일 무슨 일이 일어날지 모르는 우리 반 교실. 한 아이가 점심을 먹고 기어이 토하고 말았다. 몇 년 전에 6학년 담임하면서 수학여행 갈 때 버스 안에서 토하는 아이를 도와준 적 있었는데, 교실에서는 처음이다. 점심시간이 끝날 무렵, 한 아이가 다급하게 나를 찾는다.

"선생님, 선생님, 지성이가 올렸어요."

"뭐라고?"

지성이가 급하게 달려 나온다. 입 주위는 물론 옷과 손에 점심으로 먹은 음식물이 고스란히 묻어 있다. 점심 먹은 게 탈이 났던 모양이다. 나머지 아이들에게는 급하게 수업 관련 영상을 하나 틀어주고, 바로 화장실로 아이와 달려갔다. 얼른 아이의 마스크를 벗겨 주고, 화장지를 말아서 얼굴과 옷을 닦아주었다.

"지성아, 얼굴 주위랑 손이랑 물로 깨끗이 씻어요."

아이 얼굴을 보는데 많이 당황한 표정이다.

"괜찮아? 속은 괜찮아?"

고개는 끄덕이는데 표정은 전혀 괜찮지가 않다.

"잠시만 기다려 봐! 화장실 안에 있다가 안 좋으면 다시 토하고, 좋아질 때까지 잠시만 있어 봐!"

그제야 아이의 모습이 내 눈에 들어왔는데, 자세히 보니 아이가 너무 급하게 나와서 양말만 신고 있다. 얼른 교실로 와서는 제법 의젓하게 행동하는 진수를 시켜 지성이에게 실내화를 가져다주라고 부탁한다.

갑작스런 상황에 덩달아 교실도 어수선해진다. 아이들을 지도하는 사이에 지성이와 진수가 교실로 왔다. 마스크가 없는 지성이를 위해 얼른 새 마스크로 갈아준다.

"지성아, 좀 괜찮아? 보건실에 연락했으니 잠시 내려가서 보건 선생님 좀 보고 올래?"

지성이가 고개를 끄덕이며 이내 보건실로 내려간다. 좀 있으니 아이에게 약을 먹였다는 보건 선생님의 메시지가 날아온다. 교실로 다시 온 지성이를 보니 약도 먹고 해서인지 안심이 된다. 괜찮냐고 물으니 괜찮다고 고개를 끄덕인다.

그런데 수업하다 10분 정도 지났나, 지성이가 갑자기 "선생님, 선생님…" 하며 내 앞으로 달려 나오는 게 아니겠는가? 자세히 보니 다시 마스크에 토했다. 급히 아이랑 화장실로 달려가서 토한 마스크를 쓰레기통에 버리는데, 그 사이에 아이가 다시 화장실 세면대에 크게 토하고 말았다.

아이가 좀 전보다 더 놀랐다. 세면대 위를 치우고, 아이 어머님께 연락을 했더니 전화를 안 받으신다. 아빠 전화번호를 물었는데 아이가 모른다고 한다. 아빠 전화번호를 모르는 게 아니라 놀라서 생각나지 않는 모양이었다. 수업을 마칠 때쯤에, 상태가 조금 괜찮아지며 기억이 났는지 아빠 전화번호를 알려준다.

마침 하교 시간이라 나머지 아이들을 서둘러 집으로 보내고, 아버님과 만나기로 약속한 교문 앞으로 지성이를 데리고 나가니 아버님도 많이 놀라는 모습이셨다. 아버님에게 오늘 아이에게 있었던 자초자종을 알리고 교실에 오니 더 이상 아무것도 못 하겠다. 덩달아 내 속도 울렁거리는 것 같아 잠시 앉아 쉬려는데, 수학 시간에 다투어 남으라고 했던 여자아이 둘이 나를 기다리고 있다.

'아, 그렇지!'

여자아이들 상담도 해줘야 한다. 머리와 속이 둘 다 아프다. 여자아이들과 상담하는 와중에, 마지막 4교시에 똥 누러 간다고 화장실 갔던 아이가 돌아와 힘겨운 표정으로 속삭인다.

"선생님, 화장지가 없어요."

그 말에 혼자 빵 터졌다. 키득키득 웃으며 화장지를 줬더니 여자아이들이 이상하다는 듯 나를 쳐다본다.

토한 지성이의 놀란 표정이 잊히지 않는다. 아이의 옷을 갈아주지 못한 게 괜히 마음에 걸린다. 교실에 여벌옷을 좀 놔둬야겠다 생각한다. 아이가 토한 것 치운다고, 아이 마음 다독여주느라고, 나머지 아이들 챙긴다고 종일 바빴던 하루였다.

1학년 학부모님께!

1학년이지만 여덟 살 아이입니다. 자주 토하는 아이, 대소변 처리가 힘든 아이…. 참 다양한 아이들이 한 교실에 있습니다. 혹시 자주 토하거나 대소변 처리가 미숙한 아이가 있다면 담임선생님과 통화해서 필요한 물건을 교실에 놔두면 좋을 것 같습니다. 항상 아이들을 도와주려고 애쓰는 1학년 담임선생님이라는 걸 잊지 않으시기 바랍니다.

08

한 아이의 거짓말

아이들과 지내다 보면 뭐가 진실이고 뭐가 거짓인지 헷갈릴 때가 참 많다. 이 아이 말을 들으면 이 아이 말이 맞는 것 같고, 저 아이 말을 들으면 또 저 아이 말이 맞는 것 같다. 1학년 담임선생님의 또 다른 배역인 '상담사', '변호사', '판사'의 역할은 매일매일 호락호락하지가 않다.

초등학교 1학년 아이들도 거짓말을 종종 한다. 그 상황을 슬기롭게 해결하기 위해서는 당사자의 말뿐 아니라 전체 아이들의 말도 유심히 잘 들어봐야 한다. 왜냐하면, 당사자 이야기만 들어서는 사건의 진위를 파악하기가 힘들 때가 있기 때문이다. 게다가 1학년 아이들은 금방 잘 잊어버리고, 또 자기 위주로 생각하고 말하기 때문에 주위 친구들의 이야기를 꼭 들어보는 게 중요하다. 오늘 현철이와 상진이 사이에 일어난 일만 봐도 그렇다.

쉬는 시간에 교실 뒤쪽이 아주 소란스럽다. 아이들이 "선생님, 현철이랑 상진이가 싸워요"라고 친절하게 알려준다. 알려주는 것 하나는 1학년 아이들이 최고다. 조그만 일도 쟁점이 되고, 큰 일이 되는 게 1학년 아이들이기 때문이다.

현철이와 상진이를 불러 무슨 일이 있었는지를 물어본다. 이유를 들어보니 미술 시간에 만든 작품 하나를 가지고 두 아이가 서로 자기 거라고 주장한다.

"현철이, 자기 것이 맞나요?"

"네! 제 것 진짜 맞아요. 제가 힘들게 만든 거란 말이에요."

"상진이, 자기 것이 맞나요?"

"네! 제가 미술 시간에 만든 거예요."

한 작품을 가지고 두 명이 서로 자기 것이라고 하니 어떻게 해결해야 할지 난감하다. 만든 작품이 진짜 멋있으면 말도 안 하겠는데, 아주 많이 소박하다. 그래도 아이들에겐 소중한 것이다.

그나저나 진짜 주인을 찾아줘야 하는데 어떻게 해결해야 할지 도통 모르겠다. 직감으로는 현철이 표정이 더 진짜 같기도 한데, 증거가 하나도 없다.

순간 좋은 아이디어가 떠오른다. 뭐든 호기심 많은 우리 반 아이들이니 분명 '목격자'가 있을 것 같다. 내 감이 맞았다. "이 작품을 현철이가 만드는 것을 본 사람?" 하고 아이들에게 물어보니 다섯 명 정도가 손을 든다. "그럼, 이 작품을 상진이가 만드는 것을 본 사람?" 하고 물었더니 아무도 손을 들지 않는다.

내심 현철이의 작품으로 마음을 정하고, 수업 후에 찬찬히 이야기를 나눠볼 생각으로 상진이를 남게 한다.

아이들이 모두 집으로 가고 난 뒤에 상진이와 대화를 나눈다. 최근 내가 책에서 읽었던 문구가 마음에 들어 메모를 해둔 것이 있었는데, 그 문구를 사용해 아이에게 묻는다.

"이 세상에 절대 속일 수 없는 사람이 딱 한 명 있어요. 그게 누군지 알아요?"

"선생님요."

"아니에요. 본인 자신이에요."

나의 말에 상진이의 두 눈이 흔들린다. 그 순간을 놓치지 않고 다시 물어본다.

"이 작품이 상진이 것 맞나요? 솔직하게 이야기해주면 좋겠어요."

한참을 쭈뼛쭈뼛 고민하던 아이가 내 눈을 살피고, 주위를 살피더니 힘겹게 말을 뗀다.

"… 아니에요."

자신을 속이지 않고 '아니에요'라고 말하는 상진이의 용기가 참 고맙다. 왜 그랬는지 이유가 궁금해 다시 물어본다.

"그럼, 왜 아까는 자기 것이라고 했나요?"

"제 것이 부서져서 그랬어요."

"상진이가 만든 게 부서져서 속상해서 그런 거예요?"

"네. 다른 아이들이 제 것을 부러뜨려서 그랬어요."

"아. 그러고 보니 상진이 작품을 부러뜨린 다른 친구들도 잘못했네요. 선생님도 작품 만지지 말라고 주의시켰어야 했는데 미안해요. 다른 아이들에게 다시 한 번 주의를 줄 게요."

"네."

"그럼, 이제 현철이한테 뭐라고 해야겠어요?"

"잘 모르겠어요."

순간 또 멍하다. 아이가 부러진 자기 작품 생각에 집중한 나머지 자신이 거짓말을 한 건 또 잊어버렸다. 그래서 상진이에게 자세히 알려주었다.

"친구한테 가서 거짓말해서 잘못했다고 사과해야겠죠?"

"… 네."

"내 것이 아닌데 내 것이라고 해서 잘못했다고 친구에게 꼭 말해주세요."

"네."

좀 늦었지만 자신의 잘못을 솔직하게 이야기해준 상진이를 꼭 안아주었다.

다음날 현철이에게 물어보니 상진이가 사과를 안 했다고 그런다. 내가 다시 상진이를 불러 현철이에게 사과하라고 알려주니까 그제야 진심으로 사과를 한다. 두 아이의 다툼은 그렇게 마무리가 된다. 그리고 나는 아이들에게 뒤에 전시된 작품을 함부로 만지지 말라고 한 번 더 주의를 주었다.

위의 사례처럼, 1학년 아이들과 있으면 '거짓말'과 관련된 일이 아이들 사이에 자주 일어난다. 선생님의 역할이 가르치는 것만 있는 게 아니다. 이럴 땐 여지없이 내가 상담자가 되고, 변호사가 되고, 판사가 되어야 한다. 여덟 살 좋지 않은 버릇이 여든 살까지 가지 않게 해줘야 한다. 이 일이 어쩌면 공부보다 더 중요한지 모른다.

아이들의 진실한 마음 들어주기, 그게 내 역할인 모양이다.

1학년 학부모님께!

거짓말 하는 우리 반 아이들을 보니 저희 아들이 생각납니다. 분명 밥을 먹기 전에 손을 안 씻었는데 우리집 6살 아들이 씻었다고 자신 있게 말합니다. 손에 비누 냄새가 나는지 맡아볼까 하면 그제야 두두두두두 화장실로 달려갑니다. 밥을 빨리 먹고 싶은 아이 마음이 빤히 보입니다. 우리 1학년 아이들도 뭐든지 먼저 갖고 싶고, 먼저 하고 싶은 마음이 큽니다. 그러다 보면 자연스럽게 거짓말이 나옵니다. 그럴 땐 부모님들이 솔직하게 아이와 이야기하는 게 좋습니다. 아이 나름대로 이유가 있어서 그랬던 겁니다. 그리고 아이가 거짓말을 해서 누군가의 마음을 상하게 했다면 잘못했다고 사과하는 건 기본입니다.

한 아이의 거짓말

환불해 줄래?

국어 시간에 배우는 내용 중에 상대방을 생각하며 자신의 기분 말하기 활동이 나온다. 내용을 보니 우리 반 아이들 상황이라 아주 재미있다.

말풍선에 무슨 말이 들어가면 좋을까요?

A가 새 장난감을 사서 아주 기분 좋게 놀고 있다. 그런데 B도 A의 새 장난감을 가지고 놀고 싶다. 그래서 B가 A에게 부탁을 해서 새 장난감을 가지고 논다. 하지만 B가 A의 장난감을 가지고 놀다가 공중에 너무 높이 던져 땅에 떨어져 부서지고 만다. B는 어찌해야 할지 모르는 상황이고, A는 자기 장난감이 부서져 너무 슬퍼하며 울고 있다. 이 상황에 A, B의 말풍선에 무슨 말을 넣으면 좋을지가 교과서에 나온다.

"A 말풍선에 뭐가 들어가면 좋을까요?"

내심 진지한 대답을 기대하며 아이들에게 물었더니, 예상보다 반응이 너무 차갑다.

"네가 다시 새로 사!"

한 아이가 마음의 필터를 안 거치고 속마음을 그대로 말한다. 그 말을 듣는 내 마음이 쿵 내려앉는다.

문제는 처음에 나온 말이 안 좋으니, 다음 아이들도 장난 반 진담 반으로 그보다 더 세게, 그리고 더 안 좋게 말을 잇는다.

"네가 책임질 거야? 이 장난감 물어내."

"다시 사 줄래?"

이어 등장하는 아이들의 말이 계속해서 내 마음을 아프게 한다. 심지어는 한 아이가 "너 죽고 나 죽자, 우리 싸우자!"라고 말한다. 그 말에 아이들 모두가 한바탕 웃음을 쏟아낸다.

이게 요즘 아이들의 솔직한 모습이다. 누구의 잘잘못을 떠나 우리 모두가 크게 반성이 필요하다는 생각이 들었다. 우리 반 최고 장난꾸러기는 그 틈을 이용해 "이러다 다 죽어!"라고 〈오징어 게임〉 속 대사를 큰 소리로 외쳤다. 이런 시대에 사는 우리 아이들이 너무 안타깝게 느껴졌다.

무엇보다 내가 가장 마음 아팠던 말은 "환불해 줄래?"였다. 소중한 자기 장난감이 부서져서 속상한 마음은 충분히 이해가 가는데, 그런 말을 아무렇지도 않게 하는 아이들 말에 가슴이 많이 아팠다.

이제 아이들이 대답한 말들이 왜 적절하지 못한지를 아이들 스스로 깨닫게 하기 위해 역할극을 통해 함께 피부로 느껴보기로 했다. '환불해 줄래'라고 말한 아이와 '이러다 다 죽어'라고 말한 개구쟁이 아이를 나오게 해서 역할극을 하게 했다.

"내 장난감 다 부서졌어. 환불해 줄래?"

"…"

친구 입에서 자기가 직접 한 말을 들은 아이 눈빛이 뭔가 달라졌다. 앉아 있던 자기 자리에서는 당당하게 환불해 달라고 하던 아이가 직접 그 말을 들으니 기분이 썩 좋지 않은 모양이다. 그래서 한 번 물어봤다.

"무슨 느낌이 들어?"

"아무 느낌이 없어요."

"정말 그렇니? 솔직히 기분이 어때?"

"기분이 안 좋아요!"

이번 역할극으로 "환불해 줄래?"라고 말한 아이가 조금이라도 상대방을 이해하고 말하는 사람으로 자랐으면 좋겠다.

물론 장난스럽게 말하는 아이들이 많았지만, 시간이 지나면서부터는 친구의 마음을 생각하며 한 말도 많았다.

"네가 장난감을 망가뜨려서 속상해!"

"다음에는 조심해줘!"

아이들의 생각이 깃든 좋은 말들이 속속 등장했다.

오늘 배려하는 말하기 수업이 사실 시기적절하게 잘 나왔다. 친구에게 함부로 말하는 아이들이 많아서 상대방을 생각하며 말하라고 자주 이야기해 주었는데, 이렇게 교과서로 직접 배우고, 역할극도 하니 아이들에게 울림이 있는 시간이 되었다.

감정에 충실한 아이들이 오늘 하루로 그치지 않고 꾸준하게 배려하는 아이로 자랄 수 있도록 내가 더 노력해야겠다. 그렇게 하라고 교과서에도 이런 다양한 상황들이 나오는 게 아니겠는가.

1학년 학부모님께!

다양한 대중매체를 쉽게 접하다 보니 아이들의 말이 거침없이 빠르고, 여과 없이 튀어나옵니다. 머리와 마음에서 충분히 생각할 여유가 없습니다. 중요한 건 그 말이 상대방을 아프게 한다는 걸 잘 모른다는 겁니다. 자기 감정이 소중하면 상대방 감정도 소중하다는 걸 알기에는 아직 어린 나이일까요? 아이들에게 '말의 중요성'과 관련된 그림책을 자주 읽게 하여, 말을 하기에 앞서 생각하고 말할 수 있도록 지도하는 게 필요합니다. 무엇보다 가정에서 부모가 직접 배려하는 말을 하고, 올바른 행동을 하는 게 제일 좋습니다.

아이들과 학교에서 뭐해요?

01

선생님, 퀴즈 하나만 더 해요

"한 번 더, 한 번 더, 한 번 더!"

있는 힘을 다해 떼창을 하는 우리 반 아이들.

"선생님, 퀴즈 한 문제 더요. 한 문제만 더 해요."

"퀴즈 문제가 그렇게 좋나?"

"네~~~~~~~."

일제히 목청껏 외치는 아이들. 퀴즈 사랑이 보통이 아니다. 심지어 어떤 아이는 등교하자마자 내게 와서는 귓속말로 "선생님, 오늘은 퀴즈 저 좀 시켜주세요"라고 청탁 아닌 청탁을 하고 간다.

수업 진도를 다 나가고 시간이 남으면 아이들에게 퀴즈 문제를 내준다. 사실 이 아이디어는 우리 딸에게서 얻었다. 딸이 어느 순간부터 잠자리에 들기 전에 퀴즈 문제를 내달라고 아빠를 졸랐다.

"아빠 퀴즈요."

"몇 문제?"

"딱 10문제만요."

열 문제가 넘어가도 계속 떼쓰며 더 해달라는 딸. 내가 잠이 와서 안 해주면 그 밤에 목청껏 '엉엉엉' 소리내어 울기까지 한다. '4 더하기 3은?'과 같은 정말 단순한 산수 문제가 대부분인데, 그렇게 좋아한다.

'우리 반 아이들도 우리 딸처럼 과연 퀴즈를 좋아할까? 우리 딸이랑 나이대가 비슷하니 좋아할 것 같기도 한데…'

그런 생각으로 우리 반 아이들에게도 퀴즈 문제를 한 번 내주었다. 어떨지 몰라 '아재 개그'부터 시작했더니 반응은 가히 폭발적이었다.

내가 처음으로 준비한 아재 개그 "우유가 넘어지면?"이 아직도 생각이 난다.

"쏟아져요."

"넘어져요."

"몰라요."

"우유 닦아야 해요."

조금이라도 뒤질세라 소리 높여 대답하면서 반 아이들 모두가 얼마나 웃었는지 모른다. 내가 '우유' 글자가 적힌 우유갑을 왼쪽으로 넘어지게 하여 '아야'라고 보여줬을 때, 아이들의 표정이 '이 게 뭐야!', '이런 거야!' 하면서 좋아했던 기억이 새록새록 난다.

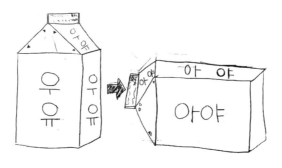

우유가 넘어지면 '아야'가 된다

"선생님 퀴즈 내주신다."

"얼른 자리에 앉아! 어서! 어서!"

내가 퀴즈 낸다고 하면 부리나케 자기 자리로 가서 앉는 아이 들. 나의 대표 잔소리 두 가지인 '자리에 앉아요!', '선생님을 보세 요!'를 말할 필요가 없다. 보지 말라고 해도 두 눈 똥그랗게 뜨고 나를 쳐다보고 있다. 초성 힌트도 더 빨리 보기 위해 뚫어져라 칠 판을 쳐다본다.

오늘 준비한 아재 개그는 아이들이 쉽게 맞힌다. 그동안 관련 된 책을 찾아보고 공부를 많이 했는지 아재 개그 박사들이다.

"도둑이 싫어하는 아이스크림은?"

"누가바!"

"바나나를 차면?"

"바나나킥!"

"선생님, 너무 쉬워요."

"그래. 자, 이번에는 산수 문제. 눈 똥그랗게 뜨고 잘 보세요. '토끼 5마리, 꿩 5마리, 사슴 5마리, 다람쥐 5마리, 총 몇 마리?'"

순간 아이들의 표정이 얼었다. 손을 드는 친구들이 없다. 1초, 2초, 3초… 이제 한두 명의 친구들이 손을 든다.

"경란이."

"16마리요."

"땡, 민정이."

"17마리."

"땡. 잘 생각해보세요. 다섯 마리가 총 네 번 있어요. 민성이."

"20마리."

"박수!"

아이들이 우레와 같은 손뼉을 친다. 답을 가르쳐 주니 그제야 몇몇 아이들이 볼멘소리로 "나도 아는 건데"라며 투덜거린다.

수업 준비를 하다 보면 퀴즈 문제를 깜빡할 때가 있다. 당황할 필요가 전혀 없다. 우리 반 아이들이 이제는 나보다 퀴즈 문제를 더 많이 알고 있다.

"오늘 퀴즈 하고 싶은 사람?"

"저요, 저요, 저요."

"미정이 한 번 해볼까요?"

"아~~~."

탄성 소리가 곳곳에서 들린다. 자기를 안 시켜줬다고 다들 나를 잡아먹을 기세다.

앞에 나온 미정이가 퀴즈를 낸다.

"애들아 내가 퀴즈 문제 낼게. 우리 집 강아지 이름 맞춰봐."

'오! 이런 것도 퀴즈가 될 수 있네.'

우리 아이들은 상상력이 대단하다. 순수하다. 있는 그대로 보석이다.

"너무 어렵다. 초성 좀 알려줄래?"

"그래."

펜을 들고 칠판에 초성을 'ㄷ ㄷ ㅇ'이라고 적는다.

"바른 자세 하는 친구 시켜줄래."

'우아!'

내가 평소 하는 방법대로 그대로 따라 해서 깜짝 놀랐다. 그동안 내가 하는 말, 행동 하나하나를 아이들이 보고 그대로 따라 배웠던 것이다.

"동동이."

"땡!"

"딩딩이."

"땡!"

"한 글자만 알려줘."

"알았어."

초성 'ㄷ'을 '달'로 고친다.

"달달이."

"맞아. 잘했어."

"왜 달달이야?"

"강아지가 단 거를 좋아해서 그래."

이제는 선생님의 도움 없이도 자신들이 직접 만드는 퀴즈로 즐길 줄 아는 우리 반 아이들이다. 내가 봐도 참 훈훈하고 재미있다. 퀴즈를 통해 아이들끼리 서로 묻고 대답하고 소통하는 법을 자연스럽게 배운다.

무엇보다 아침에 교실로 오자마자 도서관에 가는 우리 반 아이들. 빌려오는 책은 반 이상이 수수께끼와 퀴즈랑 관련이 있다. 쉬는 시간에 서로 퀴즈 문제를 내고 맞히며 깔깔깔 좋아라 넘어간다.

"제일 뜨거운 양은?"

"태양."

"한 입 먹은 사과는?"

"파인애플."

"맞네. 하하하…."

아이들 퀴즈 푸는 소리에 나도 모르게 행복한 미소를 짓는다.

아이들과의 퀴즈 시간을 위해 오늘도 나는 아침 일찍 와서 퀴즈 문제를 만든다. 수업시간에 배운 내용, 책에서 읽어줬던 내용, 산수 문제, 동물 문제, 꽃 이름 문제, 영어 단어 문제 등 종류를 가리지 않는다. 아이들이 좋아해주면 좋겠다. 우리 반 아이들과 1년 쭉 재미나게 퀴즈 문제를 계속하고 싶다.

 1학년 학부모님께!

아이들의 퀴즈 사랑은 남다릅니다. 답을 맞혔다는 통쾌함, 나도 할 수 있다는 자신감, 뭔가 세상을 알아간다는 뿌듯함. 이 세 가지를 퀴즈에서 한꺼번에 얻습니다. 어른들이 보기에 정말 시시한 퀴즈 문제도 아이들은 그저 좋아합니다. 그러니 가정에 퀴즈 책 하나는 필수입니다. 퀴즈 책에 나오는 퀴즈 문제도 좋고, 퀴즈 책이 없다면 산수 문제, 스무 고개도 좋아합니다. 부모님이 좀 피곤하시면 아이들이 직접 문제를 내게 하는 것도 좋은 방법입니다. 아이들과 자연스레 웃고 대화하다 보면 하루의 피곤이 싹 사라지는 효과도 있답니다.

노래 가르쳐 주기

─〈학교종이 땡땡땡〉

동그라미 그리려다 무심코 그린 얼굴

내 마음 따라 피어나던 하얀 그때 꿈을

풀잎에 연 이슬처럼 빛나던 눈동자

동그랗게 동그랗게 맴돌다 가는 얼굴

─〈얼굴〉

이 노래는 내가 초등학교에 다닐 때 5학년 담임이셨던 박순애 선생님께 배운 노래다. 종종 입에서 저절로 노래가 흥얼거려지는데 이유 없이 마음이 차분해지고 편안해진다. 이 노래를 부르고 있으면 어느새 한없이 맑고 순수한 아이가 되어 풍금 소리에 맞춰 즐겁게 노래 부르던 5학년 교실로 돌아간다.

'그래, 노래로 편안한 마음을 선물해줬던 선생님의 마음을 내

가 우리 반 아이들에게 전해주면 어떨까?'

여느 때처럼 내가 〈얼굴〉이라는 노래를 흥얼거리다 '아, 기타 치면서 아이들에게 노래를 가르쳐주자!'라는 생각이 들었다. 수업 중에 심심해 죽겠다고 한 아이 말도 생각나고, 때마침 처형이 기타도 선물해 주셔서 타이밍이 절묘하다는 생각이 들었다.

첫 노래는 〈학교종이 땡땡땡〉, 학교생활의 설렘과 선생님의 소중함을 생각하기에 좋을 것 같았다. 아침 일찍 교실로 와서 가사와 코드를 적었다. 그리고 혼자 기타를 치면서 노래 연습을 했다. 기본 C 코드이지만 오랜만에 기타 줄을 잡으니 손끝에 피가 나는 것같이 쓰라렸다. 하지만 20년 전에 기타 동아리 활동으로 잡혔던 굳은살이 새싹처럼 새록새록 돋아나고 있었다.

등교 시간에 맞춰 학교에 온 아이들이 교실에 꽉 찼다. 내가 기타를 꺼내든 순간, 아이들은 너나 할 것 없이 악기에 대한 지식을 맘껏 뽐내기 시작했다.

"바이올린이네."(비슷하게 생기긴 생겼다. 속으로 빵 터졌다.)

"아니야 기타야."(좀 아네.)

"바이올린이야."

대세가 바이올린으로 결정이 날 무렵, 내가 정답을 알려줬다.

"이 악기는 기타예요."

일순간 조용하다. 내가 평정을 해버렸다(바이올린이라고 말한 아이가 무안할까 봐 살짝 걱정됐다).

"기타 처음 보는 학생 혹시 있나요?"

내가 궁금해서 물어봤더니 10명 정도가 손을 든다. 기타를 잘 가져왔다는 생각이 든다. 적어도 이렇게 생긴 악기가 기타인 줄 배웠기 때문이다.

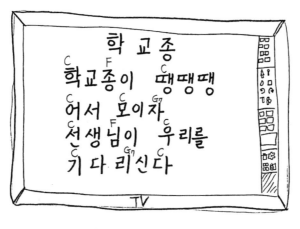

〈학교종이 땡땡땡〉 노래 가사

〈학교종이 땡땡땡〉 노래 가사를 전자칠판에 띄운다. 미리 기타 연습을 했는데도 막상 아이들 앞에서 치려니 생각보다 많이 떨린다. 좁은 교실에서 매일 수업하고 보는 우리 반 아이들 앞인 데도 이상하게 떨린다.

"학교종이 땡땡땡 어서 모이자. 선생님이 우리를 기다리신다."

먼저, 기타를 치면서 처음부터 끝까지 노래를 한 번 불러주었다. 손뼉 치는 아이들도 있어 속으로 뿌듯했다.

"여러분, 노래 좋나요?"

"네."

"그럼 이번에는 한 소절씩 따라 불러요. 선생님이 부르고 나서 그 부분을 따라 부르는 거예요."

"네."

"학교종이 땡땡땡 어서 모이자. 하나, 둘, 셋!"

"학교종이 땡땡땡 어서 모이자."(애들이 정말 열심히 부른다.)

"선생님이 우리를 기다리신다. 하나, 둘, 셋!"

"선생님이 우리를 기다리신다."(애들이 부른다.)

줄별로 부르고, 이어 반 전체로 불렀다. 가르친 효과인지 처음보다 목소리가 크고 자신감도 넘치고 교실이 떠나갈 듯 신나게 부른다. 1학년 아이들 목소리들이 이토록 깨끗하고 맑은지 처음 알았다.

기타를 치면서 애들을 보는 순간, 새끼 새들처럼 입을 벌려 열심히 노래 부르는 아이들 모습에 미소가 저절로 지어졌다. 내가 그 옛날 초등학교 5학년 교실로 돌아가 풍금 쳐주시던 담임선생님이 되어 있었던 것이다.

'아! 그때 5학년 담임선생님도 이런 기분이셨겠구나!'

오랜만에 기타를 쳐서 그런지 손끝은 쓰라렸지만, 아이들의 맑은 노랫소리로 마음은 뿌듯했다.

아이들도 나중에 어른이 되면 나와 함께 노래 불렀던 이 시간이 생각이 날까? 나처럼 저절로 노래를 흥얼거리고 있을까? 지금의 '기타 노래시간'이 아이들 기억에 소중한 추억으로 남았으면 좋겠다.

 1학년 학부모님께!

아이들은 노래를 사랑합니다. 가정에서도 노래를 정해 같이 듣고 부르는 시간을 가지면 참 좋습니다. 지나고 보니 아이들과 함께한 기타 노래시간이 참 행복했습니다. 이런 소중한 노래 추억을 아이들이 부모님과 함께한다면 정말 큰 선물이 되지 않을까 생각합니다.

03

그림책 읽어주기
– 〈진정한 일곱 살〉

아이들에게 허은미 선생님의 〈진정한 일곱 살〉을 읽어주었다. 1학년 아이들이 대부분 만 7세 아이들이니 공감할 수 있는 부분이 많아 보였다. 요즘 교실 모니터를 통해 〈한자 왕 주몽〉과 〈넘버 블록스〉를 본다고, '책 읽기'가 순위에서 많이 밀렸다. 평소에 "얘들아, 선생님이 책 읽어줄게!" 하면 "와~" 했는데, 영상 보는 재미에 빠져든 요즘은 아이들이 그냥 힘없이 "네" 하고 만다.

이 책 〈진정한 일곱 살〉도 별로 기대를 안 했다. 하지만 내용이 자기들 이야기인지라 시작부터 호응이 좋다. 그림 그리고, 뭔가 만들던 아이들이 일제히 〈진정한 일곱 살〉 책이 펼쳐진 화면을 쳐다보며 점점 소란스러워진다. 설레면서 동시에 집중하는 아이들 모습이 참 오랜만이다.

첫 그림부터 인상적이다. 앞니가 하나 빠진 일곱 살 아이가 등장한다.

"혹시 앞니 빠진 친구 있나요?"

"선생님, 저는 3개 빠졌어요."

"전 4개요."

"전 10개 빠졌어요."

자기 이가 더 많이 빠졌다고 뽐내는 아이들. 이가 많이 빠진 것도 큰 자랑이다. 뭐든지 잘하고 싶고 인정받고 싶은 아이들, 이럴 땐 어찌나 귀여운지 모르겠다. 아이들의 이 빠진 자랑을 듣느라 정신이 하나도 없다. 1등이 마냥 좋은 아이들, 이가 다 빠지면 1등 하겠다. 그래, 너희들이 진정한 일곱 살 맞다!

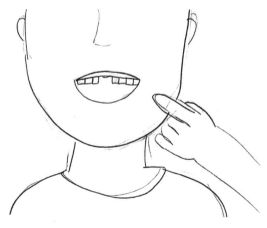

아이들은 이가 빠진 것도 큰 자랑이다

다음 장을 넘긴다. 야채를 먹기 싫어하는 아이가 나온다. 야채를 잘 먹어야지 진정한 일곱 살이라고 한다.

"우리 반 친구들은 야채 다 잘 먹죠? 잘 먹는 사람 손들어 볼까요?"

아이들에게 야채를 잘 먹는지 슬쩍 물어봤는데 반 이상이 손을 든다. 거짓말이다. 그림책 주인공처럼 야채를 거의 안 먹는다. 매일 아이들과 급식을 먹는 내가 제일 잘 아는데, 대부분의 아이들이 야채라곤 손도 안 댄다. 점심시간에 "이거 한 번 먹어볼까?" 하고 겨우 달래면 한 번 맛보고는 툭 뱉어낸다. 심지어 달콤한 과일도 잘 안 먹는다. 맛있는 청포도가 음식물 쓰레기통으로 버려지기 일쑤다.

야채와 과일을 이렇게나 안 먹는 아이들. 진정한 일곱 살이 되기엔 아직 한참 멀었다. 하지만 거짓말을 해서라도 진정한 일곱 살이 되고 싶은 아이들이다.

다음 장엔 커다란 공룡을 타고 있는 한 아이가 그림책 속에 나온다.

"혹시 스피노사우루스가 무슨 공룡인지 아는 친구?"

남자아이 중에 5명 이상이 손을 든다.

"어떤 공룡이야?"

내가 궁금해서 다시 물어본다.

"등에 부채 같은 게 있어요."

"우와! 우리 반 친구들 대단하네. 선생님은 진정한 일곱 살이 아닌가 보다. 난 티라노사우루스 밖에 모르는데."

"실제 스피노사우루스 사진 보고 싶은 사람 있나요?"

둘러보니 아이들 반 이상이 손을 든다. 인터넷 검색해서 사진을 보여줬더니 반응이 제각각이다.

"와~ 멋지다!"

"선생님, 무서워요~"

스피노사우루스를 진짜로 아는 진정한 일곱 살이 우리 반에 참 많다.

다음 장은 아끼는 공룡 인형을 동생에게 양보하는 아이가 나온다. 양보할 줄 알아야지 진정한 일곱 살이라고 한다.

"나는 양보 잘한다. 손 한 번 들어볼까요?"

아이들 반 이상이 손을 든다. 또 거짓말이다. 아이들과 함께 몇 달이나 지냈는데, 내가 보기에 아이들이 양보를 잘 안 한다. 진정한 일곱 살이 되려면 아직 한참 멀었다.

"양보가 힘든 사람?"

별 기대하지 않고 물어봤는데, 그래도 5명이 솔직히 손을 든다.

"나 양보 잘 못해!"

"나도!"

솔직한 너희가 진정한 일곱 살이다.

다음 장은 공중전화에서 전화를 거는 아이가 나온다. 옆에는 무시무시한 얼굴의 낯선 사람이 보인다. 자기 집 주소와 전화번호는 알아야지 진정한 일곱 살이라고 한다.

"여러분, 집 주소 다 알죠?"

"네~~~~"

"큰소리로 한 번 공중에 말해 볼까요?"

"○○시… 107동….'"

집주소를 정확하게 외우는 아이도 있고, 내 눈치를 살피는 아이들도 있다. 진정한 일곱 살이 되려고 엄청 노력하는 아이들이다.

"그럼, 부모님 전화번호는 알죠? 큰 소리로 말해 볼까요?"

"영일영… 칠팔오칠….'"

집주소를 말할 때보다 목소리가 크다. 전화번호를 외치는 아이들의 힘찬 목소리에 귀가 얼얼하다. 그래, 부모님 전화번호는 꼭 외우고 있어야 한다.

요즘 아이들이 영상을 너무 좋아해서 책은 별로 안 좋아할 줄 알았는데, 아니었다. 너희들이 공감할 수 있는 책을 선생님이 더 많이 찾아서 읽어줘야겠다. 이렇게 책을 좋아할 줄이야, 깜짝 놀랐어! 이제부터 야채도 잘 먹고, 양보도 잘하는 진정한 일곱 살이 되기 위해 최선을 다하자!

 1학년 학부모님께!

부모님이 가정에서 〈진정한 일곱 살〉 책을 읽어주면서 호기심을 자극하는 질문으로 자녀와 대화를 한 번 해보는 건 어떨까요? 아이들이 정말 재미있어 합니다. 야채 반찬을 하나라도 더 도전해보지 않을까요? 집주소와 전화번호도 더 정확히 외울 겁니다. 무엇보다 자녀의 양보심을 확인해볼 수 있는 좋은 기회가 될 겁니다.

1학년 아이들을 위한 그림책 추천

우리 반 아이들에게 읽어줬던 그림책 중에서 재미있고 유익한 책을 추천합니다. 주제별로 시기에 맞게 읽어주면 참 좋을 것 같습니다. (★는 아이들이 정말 좋아한 책)

1. 친구들과 선생님 이해

1) 〈다다다 다른 별 학교〉 2) 〈선생님은 몬스터〉 3) 〈선생님을 찾습니다!(넬슨 선생님이 사라졌다)〉(★) 4) 〈진정한 일곱 살〉(★) 5) 〈틀려도 괜찮아〉

2. 마음 이해

1) 〈가시 소년〉(★) 2) 〈무지개 물고기〉 3) 〈내 말 좀 들어주세요, 제발〉 4) 〈알사탕〉(★) 5) 〈딴 생각하지 말고 귀 기울여 들어요〉 6) 〈아 진짜〉(★) 7) 〈그래도 우리 누나야〉 8) 〈화내지 말고 예쁘게 말해요〉 9) 〈양동이 아줌마가 들려주는 날마다 행복해지는 이야기〉(★)

3. 여름

1) 〈수박 수영장〉(★) 2) 〈꽁꽁꽁〉 3) 〈팥빙수의 전설〉(★) 4) 〈마법의 여름〉 5) 〈할머니의 여름 휴가〉(★) 6) 〈노란 우산〉(★)

4. 어른들의 사랑

1) 〈엄마 까투리〉(★) 2) 〈아낌없이 주는 나무〉 3) 〈테푸 할아버지의 요술 테이프〉(★) 4) 〈엄마 자판기〉 5) 〈감자 이웃〉 6) 〈가족은 꼬옥 안아주는 거야〉

5. 성장, 용기, 나 이해

1) 〈용기 모자〉 2) 〈겁쟁이 빌리〉 3) 〈슈퍼 토끼〉(★) 4) 〈슈퍼 거북〉(★) 5) 〈이파라파 냐무냐무〉(★) 6) 〈너무 너무 공주〉(★) 7) 〈착한 아이 사탕이〉 8) 〈콩 한 알과 송아지〉 9) 〈목 짧은 기린 지피〉 10) 〈민들레는 민들레〉 11) 〈나는 내가 좋아요〉(★)

6. 재미, 웃음, 교훈

1) 〈고릴라 꼬딱지〉 2) 〈줄줄이 꿴 호랑이〉 3) 〈여섯 쌍둥이〉(★) 4) 〈먹다 먹힌 호랑이〉 5) 〈털끝 하나도 까딱하면 안 되기〉(★) 6) 〈고구마구마〉(★) 7) 〈똥자루 굴러간다〉 8) 〈똥 된장 이야기〉 9) 〈젊어지는 샘물〉

7. 음식, 건강, 야채

1) 〈모모는 왜 병이 났을까?〉 2) 〈난 토마토 절대 안 먹어〉 3) 〈밥이 최고야〉 4) 〈떡국의 마음〉 5) 〈김치 특공대〉(★) 6) 〈된장찌개〉(★) 7) 〈구름빵〉

너희들, 이렇게 잘 노는구나!

'하루가 놀이로 시작해서 놀이로 끝나면 얼마나 좋을까?'

내가 아이라고 생각하니 드는 생각이다. 어찌 보면 아이들이 학교에 공부하러 오지만 놀고 싶은 마음이 더 큰 게 사실이다. 국어, 수학 등 교과서로 공부만 하다 보면 아이들 표정이 좋지 않다. 공부는 하고 있지만 다른 뭔가를 바라는 표정이다. '심심해요', '뭐 더 재미있는 것 없어요?', '저희 좀 놀고 싶어요!' 하는 눈치다.

아이들의 이런 마음을 지나칠 수 없어서 수업을 하다가도 한 번씩 놀아준다. 희한하게 아이들과 놀아줄 때 아이들의 진짜 모습을 볼 수 있다. 그리고 오히려 그 놀이 속에서 진짜 배움과 교육이 일어나는 걸 여러 번 목격했다.

오늘이 바로 '놀이로 시작해서 놀이로 끝나면 얼마나 좋을까?'
가 실현된 날이 아닌가 생각한다.

"선생님, '코너 가위바위보' 안 해요?"

한 아이가 등교하자마자 아침 독서활동 시간에 내게 묻는다.
사실 어제 해야 했던 〈가을〉 교과서의 이웃에게 인사하기 '코너
가위바위보'를 다른 과목 설명하느라 못했기 때문이다. 대신 다음
기회에 하겠다고 아이들과 약속했다.

아이들과의 약속을 지키기 위해 오늘은 1교시부터 놀이로 시
작했다. 이웃에게 인사하기 '코너 가위바위보'는 1단계부터 5단계
까지 가위바위보를 연속으로 다 이겨야 하는 놀이다.

놀이를 위해 우선 책상을 가운데로 모으고 네 모퉁이를 따라
이동할 수 있게 길을 만들었다. 그리고 1단계 코너에서 가위바위
보 해주는 아이 4명을 정했다. 2단계 코너에는 가위바위보 하는
아이 2명, 3단계와 4단계 코너에는 각각 1명을 배치했다.

놀이의 규칙은 아이들이 1단계부터 가위바위보 해주는 아이에
게 가서 인사를 먼저 하고, 가위바위보를 해야 한다. 1단계에서
이기면 다음 단계인 2단계로 갈 수 있다. 단계별로 연속으로 이겨
야 하고, 마지막에는 선생님인 나를 이겨야 승리하는 놀이다. 단
중간 단계에서 지면 무조건 1단계로 다시 가야 한다.

1단계 : 〈놀이터〉에서 이웃 친구랑 인사하기

2단계 : 〈편의점〉에서 이웃 아저씨에게 인사하기

3단계 : 〈아파트〉에서 이웃 아주머니에게 인사하기

4단계 : 〈길〉에서 이웃 할머니에게 인사하기

5단계 : 〈학교〉에서 이웃 선생님에게 인사하기

"자! 시작해 볼까요?"

나의 시작 소리와 함께 아이들이 정신없이 뛰어다닌다. 가위바위보를 해서 이기면 다음 단계로 가서 좋고, 져도 다시 1단계로 돌아와서 신나게 또 가위바위보를 시작한다. 게다가 가위바위보를 하기 전에 상황에 맞게 어른에게 인사를 하는 교육 효과도 있다.

"어른에게 인사할 땐 어떻게 해야 하죠?"

나의 물음에 아이들이 대답 대신 다들 인사를 아주 정중히 한다.

우리 반 아이들이 하하하 호호호 웃으며 즐겁게 뛰어다니는 모습은 2학기 들어 처음 본다. 인사 습관도 익히고, 운동도 하고, 친구들과 사이도 좋아지니 1석 3조다. 몇몇 아이들은 얼마나 뛰어다녔던지 이마에서 땀이 뚝뚝 떨어질 정도다.

놀이 중간에는 가위바위보만 해주는 코너 아이들이 심심해 보여 최종 나를 이긴 아이들과 바꿔주었다. 깔깔깔 자지러질 듯한 웃음소리가 교실 가득하다. 코로나19로 인해 마스크를 써서 비록 얼굴 전체 표정을 볼 순 없었지만, 눈빛과 행동만으로도 충분히 느낄 수 있었다. 표정들이 모두 '이렇게 재미있는 활동을 왜 이제야 하는 거예요?'라고 내게 말하는 것 같았다.

'코너 가위바위보' 교실 놀이 이후에 '놀이터에서 이웃과 사이좋게 지내기'를 운동장에서 수업했다. 놀이 규칙도 알려주고, 놀이기구(봉, 늑목, 철봉, 구름사다리)의 안전에 관해서 이야기를 나누었다. 그 흔한 미끄럼틀과 그네가 없어도, 수업시간에 운동장에 나왔다는 것만으로 이미 아이들 기분이 붕붕 떠 있다.

"여러분, 놀이기구 안전에 주의해서 차례를 지키고 재미있게 타도록 해요."

나의 말이 신호가 되어 아이들이 봉을 오르고, 철봉에 매달리고, 늑목을 올라가기 시작한다. 그런데 봉에 올라가려는 아이들 대부분이 점프 한 번 하더니 이내 포기한다. 그래서 내가 바람을 조금 넣어 경쟁심을 자극한다.

"혹시 이 봉 끝까지 올라갈 수 있는 사람 있나요?"

내 말이 떨어지기가 무섭게 민서가 봉을 잡는다. 다리를 X자 모양으로 봉을 감싸더니 양손에 힘을 주고 당기면서 서서히 올라간다. 그러더니 어느새 봉 꼭대기에 다다른다. 봉 끝까지 올라가는 아이가 있을 거라고는 상상도 안 했는데, 대단하다. 민서가 함

봉 끝까지 올라갈 수 있는 사람 있나요?

박웃음을 내게 날린다.

"박수!"

아이들이 우레와 같이 손뼉을 친다. 민서는 얼마나 기분이 좋았을까! 친구들이 다 보는 앞에서 박수도 받고, 내 칭찬도 온몸으로 받았으니 말이다.

이에 질세라 도전하는 강민이. 민서보다 올라가는 속도가 빠르다. 체구가 작지만 다부지다. 손목 힘을 쓸 줄 알고, 전체 균형을 잘 잡는다. 꼭대기에 오르자 다시 박수 소리와 함께 친구들의 부러움을 온몸으로 받는다.

두 아이가 성공하니 갑자기 봉 타기 경쟁이 붙었다.

"선생님, 저 이만큼 올라갔어요."

"선생님, 저도요! 보세요."

아이들의 도전에 힘차게 응원을 해주었다.

"와~ 잘한다! 대단한데!"

아이들의 눈빛이 살아있다. 뭔가를 이루려는 의지가 참 아름답다. 코로나19에 대한 두려움으로 교실에 움츠리고만 있지 말고, 이제부터라도 한 번씩 운동장에 나와서 연습을 해야겠다. 조금만 더 연습하면 두 명이 아니라 10명도 올라갈 기세다.

선생님, 저는 여기까지 올라왔어요!

늑목도 꽤 인기다. 처음에는 늑목 꼭대기까지 올라가는 것도 무서워하는 아이들이 많았는데, 연습을 하다 보니 제법 실력이 늘었다.

"선생님, 저는 여기까지 올라왔어요!"

스스로 했다고 선생님께 자랑하며 뿌듯해하는 아이들! 내가 안 무섭냐고 그러니 하나도 안 무섭다고 한다. 도전하는 아이들의 모습이 대견하고 뿌듯하다. 이런 용기와 도전 그리고 실천이 살아있는 배움이 아닐까?

교실에서 '코너 가위바위보'에 땀이 흠뻑 날 정도로 뛰어다니고, 운동장에 나와 신나게 봉과 늑목에 도전한 아이들. 그렇게 종일 아이들과 함께 호흡하며 놀았더니 내가 더 즐거웠다. 하루가 놀이로 시작해서 놀이로 끝났으니 아이들은 얼마나 신나고 행복했을까 싶다.

 1학년 학부모님께!

아이들은 노는 거라면 다 좋아합니다. 특히 도전할 수 있는 거면 더 좋아합니다. 간단하게 할 수 있는 줄넘기 10개 도전도 좋고, 머리를 써서 도전하는 보드게임(고피쉬, 달무티, 체스, 원 카드, 오목, 알까기 등)도 좋습니다. 가정에서 아이들과 함께하는 놀이 시간을 즐기시기 바랍니다.

버스 놀이

오늘 2, 3교시 〈가을〉 교과서 수업시간에 아이들과 함께 버스 놀이를 했다. 교실에서 신나게 놀 수 있다는 자체에 아이들이 마냥 즐거워했다. 놀이 시작 전에 〈버스〉 노래를 먼저 배웠다.

뿡뿡뿡뿡 버스 왔어요.

내릴 손님 타실 손님 차례차례로.

다들 타셨어요. 어서 타세요.

삑삑 갑시다. 뿡빵빵

노래를 목청껏 따라 부르는 우리 반 아이들의 목소리는 다른 반 아이들보다 두 키 정도 높은 것으로 선생님들 사이에 이미 정평이 나 있다. 함께 신나게 노래를 몇 번 불렀더니 아이들이 노래를 다 익혔다. 아이들 책상을 가운데로 모으고, 버스들이 지나갈 길을 만들었다. 이제 본격적으로 게임을 시작한다.

게임 방법

1. 〈버스〉 노래가 교실에 흘러나온다.
2. 줄 안에 4명의 아이가 들어간다.
3. 교실을 돌면서 정류장에서 멈춤 지시를 받는다.
4. '청바지 입은 사람 내리세요.' 등과 같은 미션에 해당하는 아이는 줄에서 나와 자기 자리로 간다.
5. 정류장을 돌면서 각각의 미션을 수행해 최종 남는 사람이 게임의 승자(=버스 기사)가 된다.

버스 놀이를 하기 위해 내가 미리 4반 선생님에게 버스 놀이 방법도 배우고, 버스로 사용할 줄도 6개 빌렸다. '옆 반 아이들은 좋아했다는데 우리 반 아이들도 좋아할까?' 살짝 걱정되기도 했다.

아이들에게 놀이의 규칙을 알려주기 위해 일단 시범으로 버스 기사 한 명을 뽑았다. 그 아이가 지목해서 3명을 더 뽑아 줄 안에 4명이 들어간 버스가 되었다. 노래가 나오고, 버스는 돌아다니다 나의 신호에 맞춰 멈춘다.

"이번 정류장은 수영장 역입니다. 검은 마스크를 한 사람은 내리세요."

검은 마스크를 한 아이들의 입에서 '아!' 하며 탄식이 절로 나온다. 검은 마스크를 한 아이가 줄에서 나와 자기 자리로 가서 앉는다. 이어 노래가 나오고, 아이들 버스가 움직이고, 다음 정류장에 멈춘다.

"이번 정류장은 학교 운동장 역입니다. 안경 쓴 사람은 내리세요."

이런 식으로 다양하게 미션을 주고 버스에서 내리게 했다. 최종 남은 한 사람은 버스 기사가 되어 친구를 정했다.

신나는 노래와 함께 버스들이 즐겁게 교실을 돌아다닌다

잠시 시범만 보여줬는데도 아이들 눈빛이 장난 아니다. 여기저기에서 아이들 엉덩이가 들썩이며 요란을 떤다.

"우와! 이거 재미있다!"

4~5명의 아이가 6개의 기다란 줄에 각각 들어가 6대의 버스가 만들어졌다. 신나는 〈버스〉 노랫소리와 함께 버스들이 즐겁게 교실을 돌아다닌다. 어떤 미션이 나올지 두 눈은 반짝, 귀는 쫑긋하며 하나같이 나를 다 쳐다본다.

"이번 정류장은 놀이터입니다. 청바지를 입은 사람은 내리세요."

나의 말에 '아!', '오예!' 탄식과 함성이 쏟아진다. 정류장 별로 다른 미션에 아이들이 깔깔깔 넘어가라 좋아한다. 답답한 교실이 생기로 가득 찬다. 20분이 넘도록 교실을 몇 바퀴 돌았는데도 계속하자고 그런다.

"한 번 더!"

"한 번 더!"

"한 번 더!"

아이들의 '한 번 더' 함성이 끊이지 않는다. 아이들의 외침에 미소가 절로 나왔다.

'여덟 살 아이들의 동심을 그동안 내가 너무 몰라줬구나!'

'내가 놀아주는 사람이구나!'

'나도 놀이 속에 동화되어 나 자신도 놀고 있구나!'

이 날 내 머릿속에는 아이들이 외치던 '한 번 더' 떼창 소리밖에 기억나지 않는다. 이 활동은 나와 아이들 모두와, 그리고 친구끼리 서로 즐거움이 통한 시간이었다.

내가 항상 느끼는 것이지만 아이들은 활동 수업을 좋아한다. 대신 나는 많이 움직여야 하고, 목이 아프게 큰소리로 지시해야 한다. 게다가 활동 수업은 아이들이 많이 움직이다 보니 다툼이 발생할 확률도 높다. 그런데도 이런 활동 수업이 하루에 한 번, 적어도 일주일에 한 번은 꼭 필요함을 절실히 느낀다. 아이들의 웃음과 즐거운 표정을 보고 싶으면 말이다.

버스 놀이를 하면서 버스 줄이 끊어졌다고 나를 찾는 아이들에게 몇 번이나 줄을 이어줬는지 모른다. 몸과 목은 힘들었지만, 아이들의 웃음소리를 듣고 싶다면 이런 불편쯤은 기꺼이 감수해야 한다는 걸 알았다.

1학년 학부모님께!

편해문 작가의 〈아이들은 놀기 위해 세상에 온다〉라는 책이 있습니다. 정말이지 제목처럼 아이들은 놀기 위해 세상에 태어났다는 걸 많이 느꼈던 1년입니다. 아이들과 간단하게 가정에서 할 수 있는 놀이 한 가지를 추천해 드립니다. '돼지 씨름'이라는 놀이인데, 우리 집 아이가 어린이집에서 배워온 것으로, 가정에서 아이들과 함께하면 재미있습니다. 엉덩이를 바닥에 붙이고 두 발을 모아 손으로 감쌉니다. 그리고 상대편을 발로만 해서 넘어뜨리면 됩니다. 제가 넘어지면서도 하하하 웃는 놀이입니다. 물론, 이어서 진짜 씨름과 팔씨름도 종종 한답니다.

06

딱지 접기접기접기접기접기
– 딱지치기

추석 무렵에 배우는 〈가을〉 교과서에 '가마 놀이'가 나온다. 실내에서 서로 손잡지 않고 모든 아이들이 골고루 즐길 만한 옛 놀이가 뭐 없을까 고민하다 생각해낸 것이 '딱지 수업'이다. 내가 어렸을 적에 딱지 대장이라 불릴 만큼 딱지를 많이 접고, 많이 쳐서 그런지 이 딱지 수업은 왠지 모를 자신이 있었다.

수업 전날, 내가 직접 두꺼운 종이 두 장으로 딱지를 접었다. 그리고 하나를 더 만들어 쳐서 잘 넘어가는지를 해봤다. 꽤 힘을 실어 쳤는데도 딱지가 넘어가지 않는다. 1학년 아이들의 힘으로 넘기려면 이건 안 되겠다 싶다. 곧바로 좋은 생각이 떠오른다.

'양면 딱지! 그래, 양면으로 딱지를 접으면 치기도 좋고, 넘기기도 좋지!'

내가 딱지 대장이 맞긴 맞는 모양이다. 어릴 때의 경험과 기억은 돈 주고도 살 수 없는 소중한 것이다. 양면 딱지로 만들면 1학년 아이들도 쉽게 넘겨 '딱지 맛'을 제대로 느낄 수 있을 것 같았다. 접은 딱지를 뒤집어 뒷면 구멍 사이에 종이를 넣어 양면 딱지를 만들었다. 양면 딱지 두 개를 만들어, 하나는 바닥에 놓고 다른 하나로 힘껏 내리치니 쉽게 딱지가 뒤집힌다.

'바로 이거다!'

우리 반 아이들과 내일 즐겁게 딱지 수업을 할 수 있을 것 같다.

"자! 여러분, 이게 뭐예요?"

"딱지요!"

"맞아요. 오늘은 딱지를 접고, 딱지치기를 한 번 해볼 거예요. 좋아요?"

"네~~~"

"선생님이 미리 딱지를 하나 접었어요. 그런데 양면 딱지예요. 지금 양면 딱지 하나를 더 접을 거예요. 잘 보세요."

아이들이 보는 앞에서 양면 딱지를 하나 뚝딱 만들었다. 아이들에게 딱지를 접게 하기에 앞서 딱지치기 시범을 보일 생각이다.

"선생님이랑 딱지 한 번 쳐볼 사람?"

아이들 관심을 끌어 수업의 집중력을 높이기에는 이보다 더 좋은 게 없다. 말이 떨어지기 무섭게 아이들 모두가 손을 번쩍 치켜든다. 누구 하나를 지목해 시키기가 너무 힘들다. 모처럼 손을 든

선진이에게 기회를 주었다.

"자! 가위바위보! 선생님이 이겼네요. 선진이 딱지는 교실 바닥에 내려놓으세요. 선생님이 먼저 쳐서 넘겨볼게요."

"빵!"

소리가 생각보다 너무 크다. 꽤 힘을 실어 상대편 딱지를 쳤더니 바로 넘어갔다.

"우와~"

"양면 딱지는 두 면이라 두 번 넘겨야 합니다. 선생님이 한 번 넘겼으니 연속해서 한 번 더 쳐보겠습니다."

"빵!"

아쉽게도 이번에는 딱지가 한 바퀴 돌아 원래 자리로 왔다.

"이제 선진이 차례예요."

딱지치기를 처음 해보는지 아이가 내 딱지를 맞추는 것도 힘들다. 겨우 한 쪽 끝을 맞추었는데 넘어갈 리가 없다.

"선진이가 못 넘겼으니 다시 선생님 차례예요."

"빵!"

교실이 울릴 만큼 큰 소리가 나더니 선진이 딱지가 뒤집혔다.

"우와~~~~"

아이들이 입을 쩍 벌리고 쳐다본다.

"선생님이 딱지를 넘겼어요! 이제 이 딱지는 선생님 거예요. 앞에 나와서 딱지 시범을 보여준 선진이에게 박수 한 번 쳐주세요."

아이들 눈빛이 반짝반짝한 게 동기유발 끝이다.

"선생님, 얼른 종이 주세요."

곳곳에서 딱지 접을 종이를 달라는 소리가 들린다. 종이를 얼른 받아 딱지를 만들고 싶어 애간장이 타는 순간이다. '바른 자세' 하라고 안 했는데도 아이들이 종이를 먼저 받고 싶어 바른 자세를 한다.

아이들에게 딱지 접기가 생각보다 힘들다

하지만 아이들에게 딱지 접기가 생각보다 어렵다. 두꺼운 종이를 반으로 접는 것 자체가 힘이 든다. 그러다 보니 길게 반이 아니라 넓게 반을 접은 아이도 몇몇 있다. '어떻게 해야 하나?' 머리가 아파져 온다.

'아이들이 딱지 접기를 처음 해보나? 딱지 접기가 이렇게 어려

운 거였나?'

곳곳에서 아이들의 도움 요청이 쇄도한다.

"선생님, 잘 안 돼요."

"도와주세요."

"네. 딱지 접는 게 어려운 사람은 선생님 앞으로 나오세요. 선생님이 도와줄게요."

한순간에 10명이 넘게 내 앞에 줄을 선다.

바로 그때 "선생님, 저는 딱지 접는 거 쉬워요!"라고 몇몇 아이들이 말한다. 이때다! 딱지 잘 접는 아이들에게 친구들의 딱지 접는 기회를 주니 마음껏 자기의 기량을 펼친다. 몇몇 아이들은 그걸 보고 금방 딱지 접기를 배운다. 역시 교실은 서로 돕고, 서로 배움을 얻는 장소여야 한다. 알 수 없는 뿌듯한 미소가 마음에서 번진다.

딱지를 완성한 아이들, 앞면도 접지 못 해 끙끙대는 아이들, 벌써 딱지치기를 하는 아이들, 나한테 도움을 청하는 아이들… 교실이 많이 어수선하다. 그래도 벌써 딱지의 세계에 흠뻑 빠져든 아이들이다.

"선생님, 종이 더 없어요?"

딱지치기를 몇 번 하더니 딱지를 더 많이 갖고 싶은가 보다. 이곳저곳에서 딱지 접을 종이를 더 달라고 보챈다. "딱지 더 만들고 싶어요?"라고 물어보니 우레와 같은 함성이 쏟아진다.

"그럼, 1학기 책 버려 놓은 것들을 선생님이 모아 놓았는데, 여기 종이 찢어서 딱지 만들어도 됩니다."

추석 즈음에 아이들이 딱지를 만들면 좋을 것 같은 생각이 들어 버리지 않고 모아놓은 1학기 책들이 효자 노릇을 한다. 나의 말에 아이들 표정이 멍하다.

'책을 찢어서 딱지를 만든다고?'

한 번도 책을 찢어 딱지를 만든 적이 없는 모양이다. 어떻게 할지 몰라 멀뚱멀뚱 보고만 있는 아이들 앞에서 내가 직접 책을 찢어 딱지를 만들어 보여준다.

그런데 책을 찢는 것도 요령이 필요하다. 혼자서 해보니 잘 안되니까 나한테 와서 찢어 달라고 애교를 부린다.

"선생님, 책 좀 찢어 주세요."

"저도요."

"저도요."

"저도요."

난리가 났다. 책 찢어 준다고, 딱지 만들어 준다고 정신이 하나도 없다. 그 와중에 상진이는 내게 와서 "선생님, 저랑 실전으로 한 번 해봐요"라며 도전해온다. 용감한 녀석이다. 나한테 승부를 걸 만큼 딱지를 제법 하는 모양이다.

아이들이 보는 앞에서 상진이와 실전으로 딱지치기를 한다. 서로 한 번씩 넘겼는데, 결국은 상진이가 한 번 더 넘겨 내 딱지를 땄다. 아이가 흐뭇한 미소를 내게 날린다. 세상을 다 가진 표정이다. "이거 내가 선생님한테 딴 거야!"라고 말하며 친구들한테 자랑하러 다닌다.

교실에서 신나게 딱지를 치는 아이들

딱지 때문에 나는 정신이 하나도 없었지만, 아이들은 오후 내내 신나 했다. 게다가 언제 만나서 딱지치기를 하자고 서로 약속까지 잡는 눈치다. 뭔가 하나에 빠져들면 그것만 하는 우리 반 아이들이다.

얼마나 딱지치기의 재미에 빠져들었던지 쉬는 시간이 끝나고 공부시간까지 이어 딱지를 친다. 그런 아이들에게 쉬는 시간엔 교실에서 딱지 치는 걸 허락하며 겨우 수습했다. 쉬는 시간에 친구들과 즐겁게만 한다면 운동도 되고, 친구와의 추억도 쌓으며 좋은 기억으로 남을 것 같다.

오늘 하루 종일 딱지를 접어준 기억밖에 없지만, 당분간 우리 반에 딱지 바람이 불지 않을까 즐거운 걱정을 해본다.

1학년 학부모님께!

1학년 아이들에게 딱지치기는 사랑입니다. 양면 딱지를 하나씩 접어 바깥에서 자녀들과 한 번 쳐보세요. 정말 재미있습니다. 아이들의 함박웃음이 끊이지 않을 겁니다. 딱지를 접고, 쳐서 넘기는 것 자체가 아이들에겐 신기함입니다. 더구나 부모님과 같이하는 딱지치기라면 아이들에게 잊지 못할 추억 하나가 쌓이는 셈입니다. 오늘 운동을 못 하셨다고요? 딱지치기 몇 판이면 운동 거뜬합니다. 종이가 없다고요? 안 읽는 책 찢어서 만들면 됩니다.

07

서랍 정리, 사물함 정리

양귀란 작가의 〈매일 비움〉이란 책을 읽고, 평소 산만하기만 하던 내 책상을 정리했다. 연필꽂이에 가득 담긴 쓰지 않는 필기구를 정리하니 연필꽂이가 활짝 웃었다. 책상 오른편을 차지한 프린터를 한 쪽으로 치우니 책상이 운동장만 해졌다. 책상 서랍 속에 쓰지 않는 물건을 버리고 정리만 했는데도 속이 다 시원했다.

그렇게 내 책상을 정리하고 나니 아이들 책상에 눈길이 갔다. 아이들이 다 집으로 돌아간 뒤에도 남아서 교실을 지키는 책상 위에는 많은 낙서가 지저분하게 남아있었다. 게다가 뭔가 잔뜩 들어 있는 책상 안은 제발 숨 좀 쉬게 해달라고 하소연하고 있었다. 내일 아침에 아이들이 등교하면 먼저 책상 정리부터 시작할 생각이다.

계획대로 1교시부터 책상 정리와 사물함 정리를 하였다. 아이들이 정리를 싫어할 줄 알았는데 쓸데없는 걱정이었다. 공부를 안한다는 자체에 신이 나서 청소를 열심히 하는 아이들이다. 오늘은 특히나 책상 위 청소를 강조했는데, 유성 매직 자국이 책상 위에 한가득 있었기 때문이다. 청소용 스펀지를 조금 떼서 물에 적셔 주었는데, 아이들은 그게 그렇게 또 재미있다.

"선생님, 그거 또 없어요?"

"선생님, 저도 주세요."

몇 번이나 스펀지를 받아간 아이들이 자기 책상뿐만 아니라 친구들 책상도 열심히 닦아준다. 숨은그림찾기 하듯 돌아다니며 더러운 책상을 찾아 열심히 자국들을 지워준다.

"야! 여기 찾았다."

"진짜 더러운데."

"선생님, 잘 안 지워져요. 도와주세요."

무엇이든 열심히 하는 우리 반 아이들을 보고 있으니 속으로 뿌듯했다. 낙서를 지우는 일 자체에 즐거움을 느끼는 아름다운 모습이었다.

그런데 내가 사진을 찍고 돌아다니고 있으니 한 아이가 "선생님은 청소 안 해요?" 그런다. 그래 맞다! 나도 청소해야 한다. 내 책상 위쪽과 키보드, 마우스 패드를 깨끗이 닦는다. 먼지가 한가득 나온다. 조금 닦았는데도 책상이 깨끗해져 기분이 좋아졌다.

"선생님, 와서 보세요!"

"제 것도요!"

"정리 잘했죠!"

책상 위도 깨끗해졌고, 사물함과 책상 안이 정리가 잘 되어 있다. 책상 정리와 사물함 정리를 열심히 한 아이들도 나처럼 기분이 좋다.

아이들이 깨끗해진 책상 안과 사물함을 보면서 정리의 소중함을 느꼈으면 좋겠다. 꾸준한 실천으로 책상 정리가 몸에 배었으면 좋겠다. 숨쉬기조차 힘들어 하는 책상에 숨 쉴 공간을 만들어 줬으면 좋겠다. 이 작은 실천이 습관으로 자리 잡아 부지런한 사람, 성실한 사람으로 자랐으면 좋겠다.

 1학년 학부모님께!

1학년 담임을 하다 보니 책상이 어질러진 아이들을 자주 보게 됩니다. 책상 위와 안이 정리정돈이 안 되어 있으면 수업시간에도 집중을 못 할 가능성이 큽니다. 가정에서도 자기가 본 책은 책장에 넣는 습관부터 몸에 밸 수 있게 지도해주시면 좋겠습니다.

08

공 피하기 놀이
– 선생님, 또 '가가볼' 해요!

"가가볼 해요. 가가볼 해요."

며칠 전부터 한 아이가 '가가볼'을 하자고 계속 조른다. 〈겨울〉 책의 공놀이 관련 내용을 아이들과 같이 보며 '가가볼 한 번 하자'고 했더니 그걸 용케도 기억하고 있었던 거다. 가가볼은 내가 지난 2년 동안 5학년과 6학년을 가르치면서도 아이들과 했는데, 한결같이 좋아해 주었던 놀이다. 1학년 아이들도 좋아할 거란 확신이 들었다.

1학년이라 책상 세팅이 힘들 거라 예상은 했지만 역시나 힘들다. 일단 책상들이 무거워 아이들이 옮기고 내리기가 벅차다. 거기에 책상 안 정리까지 해야 하니, 나의 손길이 안 닿는 곳이 없다.

먼저, 책상 안과 책상 위를 치웠다. 가방도 걸리적거리니 사물함 위로 다 올려놓았다. 내가 일일이 돌아다니며 책상을 밀고 내려놓았더니 땀이 난다. 그렇게 책상들이 하나둘 사각형 모양으로 게임에 적합한 형태가 되니 아이들 눈이 점점 커지기 시작한다. 끝으로, 책상 안에서 떨어진 종잇조각을 깨끗이 쓸어 담으니 책상 세팅이 완료되었다.

체육 수업에서 최고의 가치는 운동이 아니라 양심을 배우는 시간이다

1학년 아이들에겐 항상 시범이 중요하다. 영상으로 게임 규칙을 보여주고, 아웃 되는 종류도 다 보여줬지만, 실전이 중요하다. 아이 5명과 직접 경기장 안으로 들어가 시범을 보여준다.

"손으로 공을 쳐서 친구들 무릎 아래를 맞추는 거예요. 공에 맞은 사람은 경기장 밖으로 나가면 됩니다."

"선생님, 그럼 자기가 쳐서 자기가 맞아도 나가요?"

"네, 당연합니다. 공이 오면 피하면 되고, 책상 벽을 맞추면 계속해서 공을 손으로 칠 수 있어요! 공을 쳐서 밖으로 나가도 아웃입니다."

직접 시범을 보이면서 아웃 되는 경우를 보여주니, 아이들의 의욕이 상승한다. 이제는 실전이다.

"먼저, 남자아이들 다 들어가 주세요!"

내 말과 동시에 경기장에 들어간 남자아이들이 신이 나서 폴짝 폴짝 무대에서 춤을 춘다. 노는 건 일가견이 있는 우리 반 남자아이들! 공을 치고 피하더니, 순식간에 최종 한 명이 남고 다 아웃이 되었다. 그렇게 즐거울 수가 없다.

"이번엔 여자아이들 들어가 주세요!"

공 피하기 놀이가 다시 시작되고 "꺅~~~꺅~~~꺅~~~" 여자아이들 특유의 즐거운 소리가 교실에 한가득하다. 공을 피하는 꺅꺅꺅 소리에 보는 내가 다 즐겁다.

그렇게 남자아이들 한 번, 여자아이들 한 번 했더니 규칙을 몸으로 다 터득했다. 처음엔 '뭐 좀 할 만하네!' 하는 대수롭지 않던 표정이 횟수를 거듭할수록 환하게 밝아진다. 땀을 흘리며 열심히 공을 피해 도망가고, 공을 친다. 아이들은 이 순간이 마냥 즐겁다. 최고의 다이어트에, 최고의 웃음 치료다.

그런데 공에 맞은 아이들은 속상하다.

"빨리 죽어서 너무 아쉬워요!"

"선생님, 저랑 가위바위보 해서 제가 이기면 다시 안에 들어가면 안 돼요?"

공에 맞은 아이들이 더 하고 싶어서, 살고 싶어서 머리까지 쓴다. 그러나 어림없다! 게임의 규칙은 공정해야 하니까.

"민정이 아웃!"

분명히 발에 맞았는데 안 맞았다고 하는 민정이. 투덜거리기 시작한다. 더 하고 싶어 끝까지 남고 싶은 마음이 너무 크다. 자리에 가서도 발을 책상 밖으로 내밀어 경기를 방해한다.

"발 넣어주세요!"

나의 말에 아랑곳하지 않고 씩씩거린다.

이처럼 분명히 공이 발에 맞았는데 안 맞았다고 하는 아이들, 너무 하고 싶어 그럴 수 있다고 이해가 되기도 한다. 하지만 공에 맞은 걸 스스로 인정하고 내가 '아웃'이란 말을 하지도 않았는데 자기 자리로 돌아가는 아이들도 볼 수 있다. 게임 규칙에 맞게 행동하고 자신을 인정하는 아이들이다.

어쩌면 몸으로 하는 체육 수업에서 최고의 가치는 운동이 아니라 양심을 배우는 시간이 아닌가 생각이 든다. 체육을 하면 진짜 아이들 모습이 눈에 보이고, 진짜 아이 마음을 볼 수 있다.

오늘 1시간을 꽉 채운 공 피하기 놀이, 가가볼이 마무리되어 가고 있다. 하지만 아이들이 흠뻑 빠져 있기에 끝낼 타이밍 잡기가 쉽지 않다. 그냥 둔다면 아무래도 밤을 새울 모양이다. 전혀 지친 기색이 없다.

"얘들아, 이제 시간이 다 됐으니까 그만할까?"

"아니요. 좀 더요!"

"그럼 한 번만 할까?"

"아니요. 두 번요."

"그래 딱 두 번만 하고, 그만이다."

그렇게 아이들과 조율을 했지만, 두 번째 가가볼이 끝났는데도 아이들은 여전히 뭔가 아쉽다.

"선생님, 다음에 가가볼 또 해요."

"그래."

가가볼에 푹 빠진 아이들에게 다음에 또 하자고 약속을 했다. 아이들이 좋아하는 놀이를 담임선생님이 안 해주면 안 되지. 대신 다음엔 사전에 규칙과 양심에 관해 공부를 하고 시작할 생각이다.

그렇게 가가볼 놀이를 마무리하며 책상을 원래대로 정리한다. 책상 정리가 걱정이었는데 아이들이 잘 도와줘 금세 정리가 끝났다.

"선생님, 안녕히 가세요!"

집에 가는 아이들의 인사 소리가 평소보다 두 배, 아니 세 배 이상 크다. 즐겁게 교실을 나서는 아이들을 보고 있으니 흐뭇하다. 아이들에게 오늘 소중한 추억 하나를 선물했다는 느낌이 참 좋다.

 1학년 학부모님께!

층간소음 때문에 집 안에서 공놀이 하기는 힘듭니다. 하지만 비가 오거나 아주 추운 날에 저희 집은 풍선을 이용해 '풍선피구'를 하기도 합니다. 그래도 아래층에 소리가 날 수 있어서 이불을 깔고, 또 움직일 땐 발뒤꿈치를 들고 아주 조심스럽게 도망가라고 한답니다. 물론, 매트가 있으면 가장 좋습니다. 짧은 시간이지만 풍선을 요리조리 피하는 아이들의 신나는 표정에 기분이 한껏 좋아집니다. 공놀이는 아이들이 마음껏 뛰어놀 수 있는 바깥에서 하는 것이 제일 좋습니다.

재능 기부

　이제 겨우 초등학교 1학년들인데, 아이들이 '재능 기부' 활동을 제대로 할 수 있을까? 잠시 고민을 했지만 그럴 필요가 전혀 없었다. 우리 반 아이들의 열정이 차고 넘치기 때문이다.

　며칠 동안 아이들에게 자신이 하고 싶은 재능 기부를 신청받았다. 친구들 앞에서 막상 자신의 끼를 보여주려니 설레는 모양이다. 무슨 재능을 선택할지 고민이 되는지 1주일 내내 아이들의 재능이 수시로 바뀐다. 태권도에서 수학으로, 알까기에서 그림 그려주기로, 팔씨름에서 팽이 접어주기로. 심지어 어떤 아이는 재능 기부 당일에 "선생님, 저 재능 다시 할게요!"라고 재능을 바꾸기까지 한다.

　1교시 수업이 끝나고, 10분의 쉬는 시간이 있다. 그 10분 동안에, 다음 시간에 시작될 재능 기부 활동을 위한 자리 배치를 한다. 같은 활동을 함께 할 아이들이 책상을 붙여 팀을 만든다. 시키지도 않았는데 스스로 책상을 옮기고 세팅하는 모습이 대견스럽다.

바이올린을 가져온 아이 둘은 혹시나 틀릴까 봐 쉬는 시간에 "끽… 끽…" 소리를 내며 연습한다. 그러다 연말 분위기에 어울리는 크리스마스 캐럴이 바이올린에서 흘러나온다.

"위 위쉬 유 메리 크리스마스~ 위 위쉬 유 메리 크리스마스~"

캐럴 소리에 주위에 있던 아이들이 다 모여든다. 아이들은 뭐가 그렇게 신기한지 그 소중한 쉬는 시간에 화장실도 안 가고 음악 감상한다고 정신이 없다. 이미 '재능 기부' 축하 공연이 시작된 셈이다.

재능 기부 활동으로 아이들이 바이올린을 연주하고 있다

2교시. 드디어 아이들의 재능 기부 시간이 시작되었다. 아이들 손에서 다양한 준비물이 책상 위로 올라온다. 바이올린, 바둑판과 바둑알, 색종이, 구슬과 컵, 고민 상담 종이, 선물로 쓸 사탕들…. 끝없이 나오는 친구들의 준비물들을 보면서 아이들은 모두가 흥분했다. 시작도 안 했는데 엉덩이를 들썩이며 자리에서 일어나는가 하면, 교실을 돌아다니고, 어떤 아이들은 재능 기부 활동을 먼저 시작하고…. 한마디로 너무 소란스럽다. 그래서 규칙을 정했다. 27명 가운데 17명은 재능 구경을 다니는 사람, 10명은 재능을 기부해주는 사람으로 나누었다.

먼저 10분의 시간을 주고 아이들에게 재능 체험할 시간을 주었다. 처음에는 어디 가야 할지 몰라 우물쭈물하는 아이들도 차츰 익숙해진다. 바이올린 하는 곳에 가서 연주도 듣고, 색종이 팽이를 접는 곳에 가서 팽이도 접어서 온다. 1학년이 바둑을 좋아할까 싶었는데 바둑도 인기가 제법 좋다. 컵 하나에 구슬을 넣고 다른 빈 컵과 함께 요리조리 돌려 진짜 구슬이 든 컵을 찾는 코너가 가장 인기가 많다. 물론 고민 상담도 제법 인기다. '이성 친구' 이야기도 슬쩍슬쩍 들리고, 친구랑 사귀는 방법도 들린다. 이 녀석들 다 컸구나 싶다.

나도 아이들에게 팽이를 쉽게 돌리는 방법을 설명하느라 바쁘다. 그러다 문득 아이들이 잘하고 있나 고개를 돌렸는데 저쪽에 손님이 없는 아이들이 보인다. 재능으로 수학 빼기와 곱하기를 선택한 아이들이다. 내심 기대는 했을 텐데, 손님이 안 오니 심심한 지 아이들이 멀뚱멀뚱 다른 코너를 바라보고 있다. 내가 직접 가서 손님이 되어 수학 문제를 같이 풀어본다. 손님이 없는 아이들은 또 배웠을 거다. 손님을 끌, 뭔가 새로운, 자신만의 아이템이 있어야 함을 피부로 느낀 시간이었을 게다.

곧이어 아이들이 그렇게 바라는 '자유 재능 기부' 시간을 가졌다. 재능 기부를 하고 싶은 아이들은 재능을 기부하고, 그것을 체험하고 싶은 아이들은 마음껏 돌아다녔다. 나도 잠시 팽이를 내려놓고, 그림 그려주는 아이들에게로 갔다. 그 가운데 특히 평소에 나와 감정선이 쉽게 부딪혀 자주 문제가 발생하는 아이에게 갔다.

"선생님 얼굴 좀 그려 줄래?"

"네!"

내 모습을 그려 달라고 부탁했더니, 아이가 흔쾌히 수락한다. 이윽고 내가 모델이 되어 아이 앞에 앉았다. "선생님, 잠시만요!" 하면서 아이가 내 귀와 눈을 '뚫어져라' 쳐다보며 특징을 잡아내어 정성스레 그린다. 가까이 앉아 그 아이를 차근차근 살펴보니, 그림을 그릴 때의 집중력이 놀랍다. 정성을 다해 나를 그려주는 그 아이의 마음이 고마웠다.

그렇게 아이의 장점을 보게 되니 신기하게도 평소 그 아이와 불편했던 내 마음이 편안해졌다. 그동안 내가 너무 아이의 단점만 보고 나무라지는 않았나 반성이 된다. 긴 생각을 하게 한 그 짧은 5분의 시간 후에 작품이 완성되었다. 1학년 아이 작품이라 하기엔 놀랍도록 스케치가 세밀하다. 커서 멋진 화가가 되면 좋겠다.

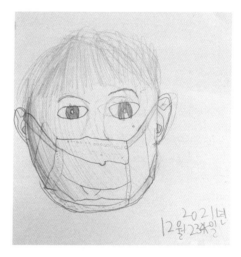

재능 기부 시간에 아이가 그린 선생님 그림

재능 기부 활동을 하는 내내 아이들이 까르르 웃으며 즐거워하는 표정을 잊을 수가 없다. 스스로 주인공이 되어 자신의 재능을 보여주고, 또 다른 아이들의 재능을 배우러 다니는 아이들의 자발적인 모습을 보면서 참 흐뭇했다. 내가 필요 없는 시간, 아이들이 스스로 움직이고 생각하고 활동하는 시간을 자주 가져야겠다고 느낀 시간이었다.

재능 기부 시간이 끝나자 한 아이가 "장사 끝났습니다"라고 해서 나를 웃긴다. 아쉽게도 그날 시간이 부족해서 아이들이 재능 기부 활동을 하며 체험했던 것을 글로 표현하는 시간을 가지지 못했다. 아이들이 모두 재미있었다고는 하는데 뭐가 재미있었고, 뭘 느꼈고, 기분이 어땠는지 참 궁금했다. 다음날 한 아이가 가져온 재능 기부 일기를 마무리 글로 붙인다.

친구들과 함께 재능 기부 활동을 했다.
바이올린을 한 친구들이 엄청 엄청 신기했다.
나는 컵 구슬 찾기를 했다.
바둑하는 친구들도 있었고,
선생님은 팽이를 했다.
나한테 아이들이 너무너무 많이 몰려왔다.
너무너무 기분이 좋았다.

1학년 학부모님께!

아이가 좋아하는 것들이 있을 겁니다. 그림 그리는 것도 좋고, 피아노 치는 것도 좋고… 어떤 것이든 좋습니다. 아이가 좋아하는 게 있으면 얼굴을 그려 달라고도 하고, 피아노도 좀 쳐 달라고 하세요. 그렇게 가정에서 아이들의 끼를 펼칠 수 있는 시간을 가지면 참 좋을 것 같습니다. 아이의 재능이 별건가요. 같이 해주고, 칭찬해주는 게 아닐까 생각이 듭니다. 가정에서 아이들이 자주 주인공이 되게 해주세요.

재능 기부

10

신문지 눈싸움

눈을 감았는데 영화의 한 장면처럼 선명히 떠오르는 아이들의 모습이 있다. 신문지 눈싸움이 그랬다. 신문지를 찢고, 그것으로 눈뭉치를 만들어 던지던 아이들의 희열에 찬 표정을 잊을 수가 없다. 자신의 모든 스트레스를 신문지 눈뭉치에 담아서 있는 힘껏 던지던 아이들의 모습. 뭐가 그렇게 즐거웠을까? 뭐가 그렇게 던지고 싶었던 것일까?

추억을 먹고 사는 게 인간이라면 나의 역할은 역시나 아이들에게 잊지 못할 추억을 만들어주는 사람이 아닌가 싶다. 사실 '신문지 눈싸움'은 별 기대를 하지 않았다. 그냥 신문지를 찢어 뭉쳐서 던지는 게 뭐가 재미있을까 생각했는데, 그게 아니었다. 오롯이 '논다'라는 '아이의 역할'에 철저히 몰입한 시간이었다.

교실 가운데를 책상으로 벽을 만들어 신문지 눈싸움을 하는 아이들

1차전과 2차전은 교실 가운데를 책상으로 벽을 만들어 남녀로 나눠 신문지 눈싸움을 했다.

"마음껏 던지고 싶은 대로 시간제한 없이 던져요."

나의 말이 떨어지자마자, 미리 뭉쳐놓은 신문지를 던지는 아이들의 표정이 너무나 해맑았다. 마스크를 끼고 있어 아이들 얼굴을 제대로 볼 수 없다는 게 아쉬울 뿐이다.

"간다."

"얍!"

"우!"

"아!"

신문지 눈싸움

온갖 기합과 함께 친구들을 겨냥해 신문지 눈뭉치를 던지고 또 던졌다. 그게 뭐라고 던지고 쪼르르 달려가고 또 던지고 하는 게 그렇게 재미있을 줄이야! 교실이라는 환경을 완전히 잊어버리고, 1학년 학생이라는 역할을 완전히 잊어버린 채 그저 재미있게 노는 순수한 아이들 모습 그대로였다.

2차전이 끝나고 난 뒤, 아이들이 다소 지친 기색을 보이기에 "이젠 그만할까?"라고 물었더니 "선생님이 마음껏 하라고 하셨잖아요?" 하면서 아이들이 도리어 나를 설득한다. 선생님의 말을 정확히 기억하는 아이들이다! 아무튼 10분이면 끝날 걸로 생각한 신문지 눈싸움이 40분을 꽉꽉 채워서 끝이 났다.

마지막 3차전에는 남녀 상관없이 아무에게나 던질 수 있는 무한 자유를 주었더니 정말 난리가 났다.

"선생님, 던져요!" 하면서 나한테 와서는 신문지 눈뭉치를 우르르 던지고 깔깔깔 웃으며 도망가는 여자아이들이다. 나도 질 수 없어 아이들 틈바구니에 끼어 신문지 눈뭉치를 던지고 도망가고, 던지고 도망갔더니 숨이 가쁘고 웃음이 절로 나왔다. 우리 반 웃음소리가 얼마나 컸던지 점심을 먹고 우리 교실 앞을 지나가던 5학년 아이들이 신문지 눈싸움하는 우리 반 모습을 보느라 떠날 줄을 모른다.

"선생님, 저 이마에 땀나요. 보세요."

"선생님, 저도 땀이 나요."

"저 손 좀 보세요. 신문지 정리한다고 새까맣게 먼지가 묻었어요."

아이들 이마를 보니 땀이 흥건하다. 그렇게 신나게 돌아다니며 신문지 눈싸움을 했더니 아이들 표정이 살아있다. 아이들 모두가 '실컷 놀았다!', '아! 좋아!' 하는 표정이다. 40분 내내 정말 신문지 눈뭉치를 던지는 일에만 몰두했더니 속이 후련한 모양이다.

"선생님, 더워요, 더워! 문 좀 열어주세요."

이 추운 겨울날에 창문을 열고 찬바람을 쐬는 아이들이다. "아! 시원하다"라며 서로 창가 자리를 차지하려고 야단법석이다. 그런 아이들 모습을 보고 있자니 내 마음이 다 시원했다. 땀 흘리고 난 뒤에 맞는 시원한 바람이 주는 자유로운 기분을 나도 알기 때문이다.

아이들이 신문지 눈싸움을 이렇게 좋아해줄 줄이야! 나도 너희들 덕분에 아이가 되어 신나게 잘 놀았다. 고마워, 우리 반 아이들아!

1학년 학부모님께!

집에서 아이들의 심심함을 달래줄 수 있는 놀이 재료가 바로 신문지입니다. 조준휴 선생님의 〈아빠놀이 백과사전〉에 나오는 신문지 격파 놀이를 하면 아이들이 참 좋아합니다. 1단계로 신문지를 다 펼쳐 잡고 있으면 아이들이 격파해서 찢습니다. 2단계는 다 펼친 신문지를 한 번 접어 두 겹으로 만듭니다. 처음보다 도전의식을 가지고 더 파이팅 넘치게 격파합니다. 그렇게 해서 4겹까지 도전해보세요. 마지막으로, 찢은 신문지를 가지고 정리도 할 겸 뭉쳐 눈싸움하는 것은 또 다른 재미입니다. 집은 어질러지겠지만 아이들 몸과 마음은 홀가분해질 겁니다.

11

공기놀이

아이들의 눈을 바라보니, 오늘도 어김없이 다들 뭔가를 간절히 바라는 눈빛이다. 우리 딸이 "심심해요!"할 때랑 정확히 똑같은 눈빛이다.

"얘들아, 심심해?"

"네! 심심해요!"

내 말이 떨어지기가 무섭게 아이들이 한 목소리로 대답한다. 그렇다. 아이들은 학교에 와도 심. 심. 하. 다. 학교에도 실내에 충분히 놀 수 있는 공간이 마련되어 있으면 좋겠다. 1교시부터 5교시까지 조그만 교실 안에 있으니 어찌 심심하지 않으랴! 한 번씩 노는 곳에 가서 신나게 놀고 오면 공부도 더 집중해서 잘 할 수 있을 텐데 말이다.

아이들은 심심함과 무료함을 달래기 위해 끊임없이 책상에 앉아서 뭔가를 만들고 그린다. 가위로 지우개를 조각내는 아이, 종이를 테이프로 길게 이어 붙여 칼을 만드는 아이, 캐릭터를 그리고 색칠하는 아이, 요즘 아이들에게 가장 인기 있는 〈흔한 남매〉책을 보는 아이, 지우개 가루로 색연필 구멍을 채우는 아이, 색연필을 가위로 자르는 아이….

심심함을 달래기 위해 어른들이 상상할 수 없는 기상천외한 활동을 매일매일 그렇게 하는 아이들이다. 그 심심함 한가운데 내가 서 있다. 수업도 해가며, 중간에 웃겨 가며, 산수 공부도 해가며, 시도 써 가며, 공부도 가르쳐준다. 아이들에게 심심함을 느끼지 않게 해주려 내가 애를 쓰는 데도 아이들은 심심하다.

오늘은 수업이 일찍 끝나 공기놀이를 다시 가르쳐 주기로 한다. 사실 저번에 공기놀이를 한 번 가르쳐 주었는데 너무 못해서 거의 포기했었지만, 그래도 다시 시도해본다. 대신 오늘은 아이들에게 공깃돌을 딱 하나만 주었다. 여러 개를 주니까 공기놀이를 하는 건지, 던지고 장난치는 건지 도저히 분간이 안 갔기 때문이다.

예상은 했지만 공깃돌을 하나만 나눠주니 아이들 표정이 안 좋다. 그래도 꿋꿋이 설명을 이어가며 시범을 보여준다.

"잘 봐봐! 공깃돌을 공중으로 던지고 난 뒤에 바닥 치고 이걸 다시 잡는 거야!"

아이들 눈앞에서 서너 번을 보여줬는데, 아이들 눈에 내가 그냥 곡예사로 보인다. '어떻게 저게 가능하지?' 하는 표정이다.

"이거 성공해야 공깃돌을 하나 더 준다! 알겠지? 성공하면 선생님께 보여줘."

도전을 좋아하는 우리 반 아이들, 갑자기 아이들 두 눈에서 불꽃이 일어난다. 해보겠다는 결의에 찬 의지가 보인다. 관심 없이 구경만 하던 아이들도 공깃돌 하나 달라며 내 앞에 줄을 선다.

아이들이 공깃돌 하나를 던지고 바닥 치고 다시 그걸 잡으려고 안간힘을 쓴다. 나한테는 쉬운 게 아이들한테는 그렇게 어렵다. 우선은 공깃돌을 수직으로 던지는 것 자체가 잘 안 된다. 아이들이 공깃돌을 앞쪽으로 멀리 던지니 그걸 잡을 수가 없다.

공깃돌을 하나 받는 것도 쉽지 않다

"얘들아, 공깃돌을 정확히 높이 수직으로 한 번 던져봐!"

내가 힌트를 줘보지만, 말이 쉽지 아이들이 던진 공깃돌이 자꾸 앞으로 도망간다. 그래도 최대한 높게 수직으로 던지려고 노력을 한다.

두 번째는, 공깃돌을 위로 던지긴 던졌는데 바닥 치는 게 또 그렇게 어렵다. 손바닥을 획 돌려 바닥을 치는 순간 공깃돌이 바닥에 떨어진다. 바닥을 치고 다시 손을 돌려 잡으려고 해도 공깃돌은 손바닥이 아니라 팔을 맞고 바닥에 떨어진다.

"아!"

"아!"

곳곳에서 탄식이 흘러나온다. 공기놀이의 가장 기본인 '공기 던지고 바닥 치고 다시 공기 잡기'가 이렇게 힘들다. 그런데도 우리 반 아이들의 열정은 이길 수가 없다. 연습하고, 연습하고, 또 연습하더니 기어이 몇몇 아이가 해낸다. 드디어 반가운 소리가 들린다.

"선생님, 저 했어요!"

"보세요! 보세요!"

성공해서 뿌듯해하는 아이가 내 앞에서 다시 하려니 엄청 긴장되는 모양이다. 두 번이나 했는데 결국 공깃돌을 못 잡았다. "아까는 됐는데, 왜 이러지…" 하며 상심해서 다시 연습하러 간다.

아이들도 잘하고 싶은지 곳곳에서 의욕이 불타오른다. 그런데 연습할 다른 빈 곳도 많은데 하필이면 다들 좁은 내 책상 앞으로 와서는 북새통을 이룬다.

'애들아 저 멀리 빈 곳이 많은데 저기로 가서 하면 안 되겠니? 선생님이 꼼짝달싹 움직일 수가 없구나. 하하하…'

저번에 공기놀이 가르쳐 줄 때는 그렇게 어려워하더니 오늘은 확실히 다르다. 역시나 1학년 아이들에게는 뭐든 단순해야 한다. 공깃돌을 하나만 주었던 게 컸다. 그 하나를 잡기 위해 집중하는 아이들의 모습을 보았다. 이런 열정이라면 한 번에 하나씩 던지고 받는 것을 넘어, 5개의 공깃돌도 금방 할 수 있겠다는 생각이 들었다.

 1학년 학부모님께!

아이들이 집중력이 떨어진다고 하는데 저는 그 말을 안 믿습니다. 도전적인 일이나 재미있는 일이면 어른들보다 수백 배 집중력이 높아집니다. 공기놀이는 1학년 아이들에게 아주 도전적인 놀이입니다. 가르쳐주면 열에 한 명 겨우 하지만, 공깃돌 하나로 연습하다 보니 공깃돌을 던지고 바닥 치고 다시 잡기 하는 아이들이 많이 늘었습니다. 아이들에게 기초부터 가르친다면 나중에 부모님과 같이 공기놀이하는 날이 생각보다 빨리 올 겁니다. 한 번 도전해보십시오.

2월, 학년 말 교실 풍경

학년 말이 가까워오자 월요일 아침인데도 교실에 들어서는 아이들 표정에 생기가 하나도 없다. 하지만 그것도 잠시, 1교시에 교실 모니터를 통해 전교 회장 선거 방송을 보자마자 생기가 돈다.

"선생님, 저희도 뽑나요?"

"선생님도 뽑나요?"

"저흰 왜 안 뽑아요?"

갑자기 궁금한 게 많아진 아이들이다. 사실 아직 어린 1학년에게는 학생회장 투표권이 없다. 그럼에도 아이들에게 선거 방송을 보게 한다.

"안 뽑을 거 왜 봐요?"

한 아이가 물어오니, 다른 아이들도 같이 궁금한 표정이다. 그런 아이들에게 지금 방송 보는 게 나중에 3학년 되어 회장 투표

할 때 도움이 된다고 알려주니 다들 이해하는 눈치다.

한 후보자가 회장 공약으로 한 달에 한 번 딸기우유랑 초콜릿 우유를 약속하니 "선생님, 딸기우유 아이디어는 너무 좋아요"라고 말한다. 아무런 관심이 없을 줄 알았는데 공약도 들을 줄 알고, 제법이다. 웃긴 건 그 아이의 '딸기우유' 말에 또 별의별 우유랑 음료가 다 등장한다는 거다.

"민트초코도 해줘요~"

"난 오렌지 주스~"

"난 바나나우유~"

"..."

대단한 우리 반 아이들이다.

다른 한 후보자가 신호등 같은 사람이 되겠다고 하니, 아이들이 단체로 이무진의 〈신호등〉 노래를 합창으로 부른다.

"붉은색 푸른색, 그 사이 3초 그 짧은 시간 노란색 빛을 내는 저기 저 신호등이~"

대단하다, 대단해! 아침에 그 생기 없던 아이들이 맞나 싶다.

2교시. 〈안전한 생활〉 수업 주제는 '지진'이다. 교과서에는 지진이 일어났을 때 대처하는 방법들이 그림으로 자세히 나와 있다. 책상 밑으로 숨어 머리를 보호하는 것도 배우고, 지진이 멈추면 건물 밖으로 나와 넓은 운동장으로 대피하는 것도 배운다. 그림만 봐서는 느낌이 제대로 오지 않아 실제 일본 지진 영상과 쓰나미 영상을 곁들여 보여줬더니 아이들이 지진의 심각성을 제대로 인지했다.

영상을 본 후, 실제 연습을 해본다고 내가 "지진이다!"라고 큰소리로 외쳤더니 아이들이 정말 지진이 일어난 것처럼 다급히 책상 아래로 머리를 숨긴다. 그런데 몇몇 아이들은 그대로 앉아 있다.

"왜 책상 밑으로 안 들어가? 얼른 들어가요."

내 말에 한 아이가 무심하게 답한다.

"선생님, 전 돌머리라서 괜찮아요! 크크크…"

아이쿠! 할 말이 없다.

오늘의 하이라이트는 아무래도 비밀친구를 뽑은 거다. 방법은 간단하다. 미리 조그만 상자에 우리 반 아이들 이름을 쪽지에 적어서 넣어 놓았다. 번호대로 줄을 서서 상자에 손을 넣고 쪽지를 뽑으면 된다. 자기 이름이 나오면 다시 뽑고, 아니면 쪽지에 나온 친구가 자신의 비밀친구가 된다. 그 친구에게 몰래 3일 동안 좋은 일을 해주면 된다.

아이들은 자신만의 비밀친구가 누가 될지 정말 궁금하다. 그 자리에서 봐도 되지만, 혼자만 몰래 그 떨림과 설렘을 즐기고 싶다. 친구 이름을 뽑고는 비밀친구가 누굴까 너무 궁금해 혼자 복도로 쪼르르 달려가서는 몰래 보고 온다. 혹시나 비밀친구를 누설할까봐, 미리 아래와 같이 유의사항을 알려주었던 게 제대로 효력을 발휘한다.

"여자는 남자 뽑았다고 욱하지 말고요, 남자도 여자 뽑았다고 속상해하지 말고요, 내가 싫어하는 아이 뽑았다고 티 내지 말고, 좋아하는 아이 뽑았다고 너무 좋다고 하지 말아요. 싫어도 좋은 척, 좋아도 무던한 척해요! '나 누구 뽑았지롱'이라고도 절대 말하면 안 돼요. 가장 친한 친구한테도 알려주면 안 돼요. 화수목 3일 동안 비밀친구에게 조금 전에 본 영상 속 우렁각시처럼 청소도 해주고, 도와줄 일을 도와주고, 선물도 해주고, 편지도 써 주세요!"

미리 시범을 보여주고, 또 규칙을 알려줬더니 비밀친구를 뽑고 난 뒤에 아무에게도 알려주지 않는 아이들이다. 1년 사이에 정말 정신적으로 많이 컸다.

비밀친구를 뽑고 난 뒤에는 그 친구를 위해 할 수 있는 일들을 책에 적어보았다. 색종이를 접어주겠다는 아이, 간식을 주겠다는 아이, 청소를 해주겠다는 아이, 학용품을 빌려주겠다는 아이… 내용도 가지각색이다. 좋은 일을 몰래 해준다는 마음이 재미있는지 쓰는 내내 아이들 표정이 즐겁다.

나도 한 아이를 뽑았는데 그 아이를 위해 색종이 팽이도 접어주고, 편지도 써줘야겠다고 생각했다.

'얘들아, 3일 동안 비밀친구를 위해 고마운 일을 많이 해줘라! 부탁한다.'

마지막 시간에는 2학년 새 책을 아이들에게 나눠줬다(2학년 새 책은 1학년 종업식 며칠 전에 나눠준다). 아이들이 여덟 권을 한꺼번에 들고 가고 싶다고 해서 한 번에 나눠주긴 했는데, 받아들고서는 무겁다고 난리다.

"선생님, 제 가방 좀 들어보세요."

내가 들어봐도 책이 든 아이들 가방이 무겁긴 무겁다. 내가 엄청 무거운 척하며 가방을 들다 바닥에 턱 놓으며 "못 들겠네!"라고 헉헉거리며 연기를 좀 했더니 그것 보라며 깔깔깔 웃는다. 내 표정이 재미있는지 계속해서 아이들이 나서서 자기 가방도 무거운지 들어보라고 한다. 다섯 명이나 왔다. 역시 못 말리는 우리 반 아이들이다.

수업을 마치고, 여덟 권이 든 자신의 무거운 가방을 메고 가는 아이들. 교실을 나가면서 힘들다고 낑낑거리는데 사연도 제각각이다.

"가다가 팔 빠지겠어요."

"어깨 부러지겠어요."

"아! 무거워! 허리 아파!"

"아! 이놈의 가방~"

아이들이 무거워하는 걸 보니, 부장 선생님 반처럼 며칠에 나누어서 조금씩 보낼 걸 하는 후회가 된다. 안 되겠다! 아이들에게 제안을 해본다.

"얘들아, 너무 무거우면 나눠서 들고 가도 돼요!"

"아니에요. 한 번에 다 들고 갈 거예요."

고집을 꺾지 않고 한 번에 다 들고 가겠다는 아이들이다! 너희들 스스로 결정한 일이니 마음이 아파도 어쩔 수 없다. 이겨내자. 할 수 있다.

오늘 하루, 우리 반 아이들이 설레는 마음으로 비밀친구를 뽑고, 2학년 책도 새로 받았다. 며칠 남은 종업식 날까지 새로운 마음으로 모두 즐겁게 지내자!

1학년 학부모님께!

반에서 비밀친구놀이(마니또)를 하게 된다면, 비밀친구를 위해 할 수 있는 일을 자녀와 이야기해보세요. 담임선생님도 이야기를 해주지만 부모님과 함께 이야기하는 시간을 가진다면 더 큰 동기부여가 될 겁니다. 아이들도 좋은 일이라는 걸 알고는 있지만, 막상 좋은 일을 몸으로 실천하는 게 생각보다 어렵습니다. 부모님이 직접 도와줌으로써 아이들이 '나도 할 수 있구나!', '도움이 이렇게 뿌듯한 거구나!', '친구 관계란 친구를 생각하는 고마운 마음이구나!'를 느낄 좋은 기회가 될 겁니다.

CHAPTER

4

♥

1학년은 도대체
뭘 배우죠?

● ● ●

    지금의 초등학교엔 제가 1학년 시절 사용했던 〈바른생활〉, 〈슬기로운 생활〉, 〈즐거운 생활〉이라는 교과서는 없습니다. 대신 〈봄〉, 〈여름〉, 〈가을〉, 〈겨울〉이라는 교과서로 수업을 받습니다. 거기에 〈국어〉, 〈수학〉이라는 교과서로 기본적인 한글과 수익힘을 배우게 됩니다. 물론, 국어와 수학 교과서로 부족한 부분은 〈국어 활동〉과 〈수학 익힘〉으로 학생들이 직접 학습할 수 있게 해놓았습니다. 여기에 학교 안전을 지도할 수 있게 〈안전한 생활〉이라는 교과서도 있습니다. 끝으로, 3월 한 달 정도는, 초등학교에 적응할 수 있게 도와주는 적응 교재(경남은 〈우리들은 1학년〉)와 한글 교육을 위한 책(〈찬찬한글〉, 〈아이좋아 한글쓰기〉)이 있습니다. 이름은 지역별로 각기 다릅니다.

초등학교 1학년 교과서

01

〈봄〉

– 나팔꽃이 피었습니다

씨 씨 씨를 뿌리고

꼭꼭 물을 주었죠.

하룻밤 이틀 밤 쉿쉿쉿

뽀드득 뽀드득 뽀드득

싹이 났어요.

어린이집을 다니는 우리 아들이 그곳에서 〈씨앗〉 노래를 배웠는지 차 탈 때도, 장난감 가지고 놀 때도 계속 "뽀드득뽀드득"한다. 중독성이 강하다. 그새 나도 "뽀드득뽀드득 싹이 났어요" 하고 흥얼거린다. 노래를 따라 부르니 순간 좋은 생각이 떠올랐다.

'우리 반 아이들에게도 직접 뽀드득뽀드득 새싹 나는 소리를 들려주는 거다.'

곧바로 인터넷에 들어가 꽃씨를 잔뜩 주문했다. 과꽃, 나팔꽃, 금잔화 등등. 학년 부장님이 각 반에 필요한 물품을 사라고 하셔서 플라스틱 화분도 30개나 주문했다. 작년에 할인마트에서 산 플라스틱 모종삽도 집에 있다. 준비 완료다. 〈봄〉 교과서에서 아이들이 제일 하고 싶어 하는 화분 심기가 드디어 시작된다. 아이들보다 내가 더 설렌다.

선생님이 되고 나서 어느 때부터인가, 아이들 학습에 필요한 중요한 일을 시작하기에 앞서 항상 내가 먼저 해보는 게 습관이 되었다. 내가 미리 해봐서 좋으면 아이들과 같이하고, 별로이면 과감히 포기해 버린다. 미리 해보지도 않고 아이들과 바로 시작했다가 낭패를 본 적이 한두 번이 아니었기 때문이다.

이번의 꽃씨 심기도 마찬가지다. 아이들과 함께 하기 전에 먼저 내가 해보았다. 화분을 하나 준비해서 돌을 아래에 깔고, 흙을 넣고, 나팔꽃 씨앗을 심었다. 여러 꽃씨 중에 나팔꽃 씨를 심은 이유는 씨앗이 크고 튼튼해 보여 왠지 잘 자랄 것 같았고, 지금껏 한 번씩 볼 때마다 꽃이 참 예쁘다는 생각을 했기 때문이다. 나팔꽃 씨앗을 심고, 물을 충분히 주고는 볕이 잘 들어오는 창가에 놔두었다.

'싹아! 얼른 나오너라. 너의 뽀드득뽀드득 소리를 들려다오.'

아들의 마법 주문을 외웠다. 그리고 물을 줘가며 며칠을 목이 빠져라 쳐다봤다.

그렇게 하기를 반복하던 어느 날, 드디어 예쁜 새싹이 얼굴을 내밀었다. 땅을 뚫고 일어서는 새싹을 보며 아이들에게도 생명의 신비를 느끼게 해주고 싶었다.

'아, 이제 됐다. 내 화분에 싹이 났으니 똑같이만 하면 아이들 화분에도 싹이 나겠구나!'

자신감이 생긴 나는 다음날, 방과 후 수업 가기 전에 시간이 되는 애들 두 명을 불러 바로 실행에 옮겼다.

아이들이 꽃씨를 심기 위해 화분에 흙을 채우고 있다

"여기 빈 화분에 너희 이름 적어볼래?"
"선생님, 씨앗 심는 거예요?"
"그래."
"와! 신난다!"

빈 화분을 들고 아이들과 같이 교실 밖으로 나왔다. 화분에 흙을 넣기에 앞서 물이 빠지는 구멍을 메울 작은 돌이 필요하다. 운동장 가에서 화분에 넣을 돌을 찾는 아이들 모습에 흐뭇한 미소가 지어진다. 그리고 정성을 다해 흙을 채웠고, 이제 꽃씨를 심을 차례다.

꽃씨들을 살펴보다가 한 명은 과꽃, 한 명은 나팔꽃을 고른다. 아이들이 꽃씨를 처음 심어보는지 어떻게 심는지를 내게 물어온다.

"여기 흙 중간에 씨앗을 심을 수 있게 손가락으로 구멍을 파 봐!"

"선생님 어떻게요?"

"잘 봐! 씨앗 들어갈 크기보다 조금 더 깊게 이렇게 손가락으로 구멍을 만드는 거야."

"아! 네."

"선생님, 됐어요?"

"그래, 씨앗을 흙으로 덮었으면 이제 물 주러 가볼까?"

"네."

방금 꽃씨를 심은 화분에 물을 주기 위해 아이들을 화장실로 데리고 간다. 꽃씨가 어서 빨리 싹을 틔우고, 예쁜 꽃을 피우기를 바라며 아이들이 정성껏 물을 주었다. 그리고 화분을 교실 뒤 사물함 위에 올려놓았다.

"싹이 얼른 났으면 좋겠다."

"선생님, 이제 저흰 방과 후 갈게요."

신나게 뛰어나가는 아이들의 뒷모습에서 나는 그 아이들의 마음을 읽는다.

'생명을 키우는 설렘!'

우리 반 27명의 아이들 모두와 동시에 씨앗을 심는 건 너무 힘들 것 같아 수업을 마치고 난 뒤에 시간이 되는 아이들과 먼저 씨앗을 심기로 했다. 그렇게 하루하루 꽃씨를 심은 화분이 교실에 점점 늘어간다.

오늘은 우리 반 1등으로 등교한 미진이가 내게 인사를 하고는 곧장 사물함 뒤에 있는 자기 화분으로 총총 걸어간다.

"어! 아직 안 났네. 휴~"

아이의 한숨 소리가 나한테까지 다 들린다. 사실 내가 아침에 오자마자 먼저 확인했는데 싹이 난 화분이 하나도 없었다.

'햇빛이 부족한가?'

'물을 안 줬나?'

꽃씨를 뿌렸는데 며칠이 지나도 싹이 안 나오니 별 생각이 다 든다. 싹이 언제 나오나 보느라 아이들 목이 다 빠지겠다.

며칠 후, 드디어 한 아이의 화분에 새싹이 돋아났다.

"선생님, 싹 났어요."

"와! 진짜 신기하다!"

"내가 봐도 다 기특하다."

흙을 힘차게 밀어내고 고개를 내민 새싹의 생명력에 감탄이 절로 나온다. 생명의 신비함이다! 그 순간을 놓치지 않기 위해 사진을 찰칵 찍었다.

드디어 화분에 새싹이 돋아났다

그것을 시작으로 며칠 사이에 화분 여기저기에서 새싹이 돋아나더니 금잔화와 나팔꽃 줄기가 쑥쑥 자란다. 새 생명이 늘어날수록 아이들과 나의 손도 바빠진다. 별 것 아닌 것 같지만, 물을 주는 일도 보통이 아니다. 조금만 소홀하면 금세 이파리들이 시들어진다.

2주 동안 물을 잘 주고 키웠더니 나팔꽃과 금잔화가 제법 자랐다. 나팔꽃 줄기가 타고 올라갈 수 있게 줄도 매달았다.

감격의 순간은 기대 없이 불쑥 찾아오는 모양이다. 어느 날 평소처럼 교실 문을 힘껏 열었더니 뭔가 내 책상 옆에 보라색이 보인다. '뭐지?' 하며 가까이 다가가 보는데, 세상에나! 보라색 나팔꽃이 2송이나 활짝 피었다.

'교실에서 나팔꽃을 보다니!'

기쁜 마음에 연신 찰칵찰칵 사진을 찍었다. 자세히 보니 하나는 보랏빛, 다른 하나는 진한 파란빛이다.

교실 화분에 보라색 나팔꽃이 2송이나 활짝 피었다

어떻게 이렇게 고운 색을 담아낼 수 있단 말인가? 척박한 환경의 화분에서도 예쁜 꽃을 피워내다니 그저 고맙게 느껴졌다. 작은 씨앗에서 자라는 과정을 지켜보는 내내 아낌없이 사랑을 나눠 준 우리 반 27송이의 나팔꽃! 내게는 그냥 나팔꽃이 아니라 우리 반 아이들과 같은 하나의 희망으로 느껴졌다.

내가 감동에 빠져 있는데, 맨 먼저 교실에 들어온 태경이가 "어! 나팔꽃이다!" 하고 소리친다. 그러면서 "나팔꽃은 하루만 피고 져요"라고 안타깝게 말한다. 딱 하루만 피는 꽃이니 왠지 더 소중하고 아름답게 느껴졌다.

수업을 마칠 때쯤 한 아이가 "선생님, 저 나팔꽃 사진 찍어도 돼요?"라고 물어온다. 아이도 교실에서 나팔꽃을 본 게 신기한 표정이다. 사진 속 예쁜 나팔꽃을 보며 "선생님, 집에 가서 고모랑 할머니한테 보여줄래요"라고 자랑스럽게 말한다. 사진을 찍고 문을 나서는 아이의 뒷모습에 가족의 환한 얼굴이 겹쳐보였다. 좋은 사람에게 아름다운 걸 보여주려는 아이 마음이 참 곱다.
  '너의 아름다운 마음이 바로 나팔꽃이야!'
  '네가 바로 나팔꽃이야!'
  우리 반 아이들도 나팔꽃처럼 앞으로 우리 사회에서 멋진 꽃으로 활짝 피었으면 좋겠다.

1학년 학부모님께!

아이들이 꽃씨를 심어서 싹이 나오는 순간을 마주했다면 인생에서 생명의 신비로움을 눈과 마음으로 배운 소중한 시간이 되었을 겁니다. 가정에서도 봄에 사과나 배를 먹고 난 뒤에 씨앗을 물에 적신 휴지에 두면 며칠 후에 하얀 뿌리가 자라고, 검은 씨앗이 벗겨지면서 초록 잎이 나는 신비로운 경험을 해보실 겁니다. 과일을 맛있게 먹고 난 뒤에 버려지는 씨앗들 속에 사과나무와 배나무가 될 커다란 꿈이 있다는 걸 느끼게 되는 소중한 시간이 될 겁니다.

02

〈봄〉

– 학부모 공개수업이 드디어 끝났다!

코로나19로 인해 학부모 공개수업이 원격으로 진행된다. 내 말과 행동 하나하나를 타인에게 온라인으로 공개한다는 자체가 나로서는 사실 큰 부담이다. 1학년이라 수업 중간중간에 자리에서 일어나는 아이가 있는가 하면, 내 말 도중에 자기 이야기를 하는 아이, 시시때때로 앞으로 나오는 아이… 이런 아이들을 데리고 학부모님들께 내 수업을 보여줘야 한다니… 걱정이 이만저만이 아니었다.

학부모 원격 공개수업 당일. 교실 칠판 오른쪽 모퉁이에 탭이 기다란 고정장치에 매달려 있다. 등교하자마자 "이게 뭐지?" 하며 아이들이 우르르 모여든다.

"선생님, 이거 진짜 나와요?"

"부모님이 진짜 보는 거 맞아요?"

"진짜예요?"

아이들이 탭 화면 속의 자기 얼굴도 보고, 요리조리 움직여도 보고, 손을 흔들고 단체로 인사도 한다. 깜찍하게 웃으며 인사하는 아이들 모습에 웃음이 나면서 긴장됐던 마음이 조금씩 풀어진다.

수업 10분 전. 모든 준비를 마치고 몇 번이나 체크를 했지만 여전히 가슴이 쿵쾅쿵쾅 거린다.

"여러분, 선생님이 너무 떨리는데 여러분도 떨려요?"

"네~"

"그럼, 떨리는 사람 손 한 번 들어볼까요?"

어림잡아 20여 명의 아이들이 손을 든다. 아이들과 내가 하나라는 걸 느끼는 순간이다. 한편으로는 긴장하고 있는 아이들 앞에서 내가 먼저 마음의 안정을 찾아야 한다는 생각이 들어 크게 심호흡을 해본다.

긴장 속에서도 시간은 흘러 이제 시계가 9시 40분을 가리킨다. 드디어 마이크를 켜고 학부모 공개수업을 시작한다. 학부모 20여 분 정도가 입장해서 보고 계신다.

"자, 어제 배운 친척 다들 기억하나요?"

"네."

"친척엔 누구누구가 있었나요?"

"이모, 고모, 할아버지, 할머니, 사촌요."

"네. 맞아요. 그럼, 오늘 선생님이 친척 초성 퀴즈로 수업을 시작할게요."

"네."

아이들이 환호성을 지른다. 그런 아이들의 모습이 내게 큰 힘이 된다. 차츰 긴장감이 사라지고 마음의 안정을 되찾는다.

'엄마의 언니 또는 여동생'
'ㅇㅁ'

화면에 문제가 나온다. 교실 아이들 전체가 손을 든다. 팔이 정말 빠질 정도로 하늘 높게 든다. '꼭 시켜주세요!' 하는 애교스러운 눈빛을 사정없이 보낸다. 퀴즈라면 자다가도 벌떡 일어날 정도로 좋아하는 우리 반 아이들 맞다.

"민수 한 번 발표해볼까요?"

"아~"

발표 못 한 아이들의 한숨소리에 2층 교실 바닥이 반쯤 꺼졌다.

"이모요."

아이들이 "선생님, 너무 쉬워요"라며 야단이다. 곧이어 할머니, 사촌, 고모들도 생각보다 쉽게 풀어 친척 알아보기 수업이 예상보다 일찍 끝나버렸다.

이제 본격적인 가족 소개 카드 만들기 시간. 미리 준비한 가족 소개 카드를 꺼낸다. 오늘의 예시 주인공은 나의 아들이다. 우리 반 아이들 또래여서 낯설어 하지 않을 것 같아 특별히 선택한 모델이다. 실물화상기로 띄워놓고 부르는 말, 이름, 별명, 좋아하는 음식, 특징을 묻고 답하며 아이들과 빈칸을 채워 나간다.

"우리 아들은 머리가 밤톨처럼 동글동글합니다. 그래서 이렇게 동그랗게 그려요. 음… 팔다리는 아직 어려서 매우 짧아요. 그래서 이렇게 짧게 그려요."

"크크크…"

아이들이 웃는 소리가 들린다.

"손에 들고 있는 것은 블록이에요. 왜냐하면 블록을 진짜 좋아하거든요. 집에 오면 블록을 이용해서 비행기나 각종 변신 합체 로봇을 만든답니다. 부르는 말은 뭘까요?"

"아들요."

"맞아요. 이름 혹시 기억나나요? 저번에 알려줬는데."

"도준이요."

우리 아들 이름도 기억하고 있는 똑똑이 우리 반 아이들이다.

"저번에 블록을 좋아한다고 해서 별명도 얘기해줬는데 혹시 기억나나요?"

"블록쟁이."

한 아이가 아들이 만든 멋진 비행기 블록 사진을 기억하고 있었다.

"좋아하는 음식은 뭘까요?"

"딸기요."

평소 아들 얘기를 많이 했더니 우리 아들에 대해 척척박사들이다.

"특징은 음…. 침이 많아서 자주 흘러요. 그래서 목수건도 그렸답니다."

"하하하…"

우리 아들을 예시로 함으로써 가족 소개 카드 설명이 더 재미있게 끝났다. 이제는 아이들이 직접 가족 소개 카드를 만들 시간이다. 예시가 좋았는지 아이들이 별 질문 없이 열심히 카드를 만들고 있다.

하지만 예상보다 빨리 완성한 아이들이 많다. 다하고 할 일 없이 가만히 앉아 있을 아이들을 보니 걱정이다. 순간 아이디어가 떠오른다.

"카드 다 만든 사람은 가족 소개 카드를 하나 더 만들어도 좋아요."

다행이다. 카드를 다 만들고 다음 차례를 기다리고 있던 아이들이 다른 가족에 대해 생각하고 다시 카드를 만든다. 아주 천천히 그림을 그리던 아이들 2명도 때마침 발표시간에 맞춰 끝내준다. 고맙다!

"오늘 부모님들이 보고 계시는데 용기를 내서 발표해볼 사람?"

그런데 학부모님들이 보고 있어 그런지 평소에는 번쩍번쩍 손을 들던 아이들이 아무도 손을 안 든다. 잠시 정적이 흐른다. 그러다 우리 반 발표 대장 소정이가 아주 씩씩하게 손을 든다. 속으로 '고맙다 소정아!'를 몇 번이나 외쳤는지 모른다. 실물화상기에 언니에 대해 정성스럽게 만든 카드가 보인다.

아이가 만든 가족 소개 카드

"저는 우리 언니를 소개하겠습니다. 언니의 이름은 이진아이고, 좋아하는 음식은 돼지고기입니다. 잘하는 것은 플루트입니다…. 질문받겠습니다."

또박또박 큰 소리로 언니 소개를 마친 소정이. 무엇보다 '질문받겠습니다'라고 말하며 앉아 있는 아이들의 주의를 끄는 소정이의 센스가 돋보였다. 자칫 지루해질 수도 있는 발표시간이 친구들과 쌍방향 소통시간이 된다. 속으로 뿌듯하다. 소정이의 센스도 놀라웠지만 아이들의 질문도 아주 훌륭하다.

"언니는 왜 플루트를 잘해?"

"3학년 때부터 연습해서 잘하는 것 같아."

"왜 돼지고기를 좋아해?"

"고기는 다 좋아해."

"하하하!"

아이들 웃음소리에 교실이 갑자기 화기애애해졌다.

"용기를 내어 발표한 소정이에게 큰 박수 줄까요?"

"짝짝짝…"

가족 소개에 이어 진행된 아이들의 재치 있는 질문과 솔직한 대답에 미소가 절로 지어졌다. 공개수업 중 센스 있는 우리 반 아이들의 질문과 답변들을 좀 모아 보았다.

"왜 엄마가 녹색을 좋아하셔?"

"엄마가 나뭇잎을 좋아해서 그래."

"엄마가 왜 수박을 좋아해?"
"내가 엄마 뱃속에 있을 때 엄마가 수박을 많이 먹었대."

"아빠가 라면을 잘 끓인다고 했는데 라면도 잘 먹어?"
"어, 라면도 잘 먹어."

아이들을 집에 보내고 난 뒤에 공개수업이 있었던 1학년 선생님들과 사후 공개수업협의회를 가졌다. 협의회를 마친 후, 공개수업 부담에서 벗어나 홀가분해진 선생님들이 오늘 수업 중에 일어난 갖가지 이야기를 주고받으며 배꼽이 빠지도록 웃는다.

"진짜?"
"진짜지."

어느 선생님 수업이 가장 황당한가 하는 '황당 에피소드 배틀'이 쉴 새 없이 이어진다.

"수업 중에 애가 아프다고 하는 거예요. 그래서 약 발라주고 밴드도 붙여줬지 뭐예요."

"하하하!"

"애들이 공개수업 상관없이 진짜 평소대로 다 하네요."

"저는 학부모님들께서 영상으로 다 보고 있는데 한 애가 계속 교실을 돌아다니는 거예요."

"아이고~"

"그러다가 바닥에 떨어진 학습지에 미끄러져 넘어졌어요."

"애는 안 다쳤어요?"

"네, 다행히 안 다쳤는데 그것 때문에 수업이 제대로 안 됐어요."

"저희 반은 한 애가 계속 수업 중에 '엄마, 엄마, 우리 엄마 들어왔어요?'라고 계속 물어봐서 정신이 없었네요."

"진짜 정신없었겠네요."

"그래서 저흰 수업 마치고 난 뒤에 아이들이랑 다 같이 탭 보며 학부모님들에게 손 한 번 흔들어줬어요."

"하하하. 마무리 잘하셨네요."

공개수업이지만 조금도 위축되지 않고 평소대로 잘해준 우리 1학년 아이들. 그 덕분에 학부모님들이 자기 아이들의 진짜 모습을 보게 된 것은 또 하나의 수확이다. 수업 중에 장난치고, 꼼지락거리고, 집중을 잘 못하는 자녀들의 진짜 모습을 보신 학부모님들이 공개수업 직후 전화를 많이 해주셨다고 한다.

아이들을 아끼고 사랑하는 만큼 더 잘하려는 마음의 부담이 컸던 공개수업을 무사히 마친 우리 1학년 선생님들에게 큰 박수를 보낸다. 아, 맞다. 평소대로 행동했지만 그래도 평소보다 훨씬 더 잘하려고 노력한 우리 1학년 아이들에게도 힘찬 박수를 보낸다. 그렇게 다양한 화제를 만들며 학부모 공개수업이 무사히 끝났다.

 1학년 학부모님께!

선생님과 내 아이가 어떻게 수업을 하는지 직접 보실 수 있는 학부모 공개수업에 꼭 참여하라고 말씀드리고 싶습니다. 학교에서 내 아이가 어떻게 앉아 있고, 무슨 말과 무슨 행동을 하는지, 선생님 말씀에 귀를 기울이는지 딴짓을 하는지 살펴볼 수 있는 좋은 기회가 됩니다. 내 아이가 수업을 위해서 얼마나 집중하고 있는지 보시고 잘한 부분은 마음껏 칭찬해주세요. 아이와 부모와 선생님이 하나가 되는 이 소중한 시간을 꼭 함께하시면 좋겠습니다.

〈여름〉
– 청개구리다!

〈여름〉 교과서가 시작되었다. 책을 펼치니 팥빙수 먹는 그림, 비 내리는 그림, 수영하는 그림들이 잔뜩 나온다. 아이들과 직접 하고는 싶은데 코로나19 시기라 웬만한 활동은 직접 할 수가 없다. 아이들에게 솔직하게 나의 마음을 전한다.

"팥빙수를 교실에서 먹을 수도 없고, 비도 안 오고, 수영장에 갈 수도 없고, 수박도 없으니 못 먹고…. 그럼 우리 오늘 곤충 채집할까? 짜잔!"

미리 준비한 곤충 채집통을 아이들에게 보여줬더니 "와~~~" 하는 소리와 함께 아이들 엉덩이가 들썩들썩한다. 흥분한 아이들을 진정시키고 곤충 채집 시 주의해야 할 사항에 관해 이야기를 나눈다.

"선생님 말씀 잘 들어야 안전하고 즐겁게 곤충 채집할 수 있어요. 밖에 나가기 전에 조심해야 할 것들이 무엇이 있는지 얘기해 볼까요?"

"선생님, 곤충을 잡을 때 조심해서 잡아야 해요."

"좋아요. 그리고 또요?"

"생명을 죽이면 안 돼요. 잡고 나서는 풀어줘야 해요."

"맞아요. 원래 있던 자연의 품으로 돌려보내줘야 해요. 잘했어 요. 또 뭐가 있을까요?"

"채집통에 풀도 넣어줘서 곤충들이 숨을 수 있는 장소를 만들 어줘야 해요."

"아! 좋은 생각이에요. 이 정도로 하면 될까요?"

이야기를 마치려고 하니, 한 아이가 불쑥 말한다.

"선생님, 혼자 있으면 외로우니 다른 친구들도 같이 넣어주면 외롭지 않을 것 같아요."

"아! 맞네요. 친구를 생각하는 마음이 참 곱습니다. 줄별로 이 동하고, 곤충을 무서워하는 친구들에게 억지로 가져가면 절대 안 돼요."

"네~~~"

반 아이들을 줄별로 세워 밖으로 나가 곤충 채집 활동을 시작 했다.

"선생님, 오늘은 공벌레가 없어요. 좀 찾아주세요."

아이들을 위해 신나게 곤충을 찾으러 다니느라 내가 더 바쁘다.

"선생님, 여기 메뚜기 있어요!"

"어디 어디 어디?"

아이들이 우르르 몰려간다.

"선생님, 메뚜기 제 건데 다른 모둠이 잡았어요."

자기가 먼저 본 메뚜기가 자기 것이라고 하는 1학년 아이들이다.

"생물은 자기 것이 아니고 자연 것입니다. 나중에 다 같이 보고 자연의 품으로 돌려보내줄 거예요."

자신이 본 메뚜기를 못 잡아 시무룩한 아이를 그렇게 달래준다.

그런데 아이들과 곤충을 찾아다니는 중에 내 눈앞에서 상상도 못 해본 생명체가 폴짝 뛴다.

'오! 여기에 네가?'

어렸을 적 곤충이란 곤충은 다 잡아본 '곤충 도사'한테 딱 걸렸다. 바로 그 초록 생물이 '폴짝!' 뛰었다. 그러더니 연이어 '폴짝폴짝' 학교 펜스를 넘어 달아나려고 한다. 펜스를 넘어가기 전에 순식간에 한 손으로 낚아챈다. 역시 예상대로다. 새끼 청개구리다!

내가 청개구리를 잡자, 아이들이 서로 자기 통에 넣어 달라고 난리가 났다.

"청개구리다!"

"선생님, 저요! 여기 넣어주세요."

"아니에요. 여기 넣어주세요."

가장 가까이에 있는 아이의 채집통에 청개구리를 넣어주었더니, 모든 아이들이 서로 먼저 청개구리를 보겠다고 난리북새통이다.

"누가 잡았대?"

"이거 진짜 청개구리야?"

"어디 어디? 어디 있는데?"

"여기 안에 있잖아."

모든 관심이 청개구리에 쏠려 호들갑을 떠는 아이들 앞에서 정신이 하나도 없다. 게다가 청개구리를 잡았다는 소식에 호기심이 발동한 아이들이 나 보고 어디서 잡았냐고 묻더니, 이제는 모두 그곳으로 우르르 몰려간다.

아이들이 곤충 채집통에 든 청개구리를 관찰하고 있다

이제 아이들 모두가 신나게 뛰어다닌 곤충 채집시간을 마칠 때가 되었다.

"자, 밥 먹으러 갈 시간이 됐으니 갈까요?"

"선생님, 조금만 더요. 제발요."

"알았다. 5분만 더 줄게."

그렇게 약속한 5분이 지나 줄을 서라고 했는데도 아이들은 들은 척도 안 한다. 몇 번이나 똑같은 구호 "앞으로, 나란히"를 외쳤는지 모르겠다. 아이들 손을 씻기고 겨우 데리고 교실로 올라왔다.

교실에 들어와서도 앉기는커녕 곤충 채집통 주위로 아이들이 모두 모여든다.

"내가 먼저 보고 있었다니까."

"저리 좀 나와 봐."

청개구리를 보려고 싸움이 일어난다. 줄별로 차례로 보도록 하니 그제야 조용하다.

"휴~"

사실 오늘의 곤충 체험 목적은 〈여름〉 교과서 활동의 일부이기도 하지만, 국어 시간에 배운 문장부호를 살려 글을 써보려는데 있었다. 방금 곤충을 잡으면서 느꼈던 감동이 사라지면 금세 또 까먹으니까 글을 한 번 써보자고 아이들에게 말한다.

"얘들아, 우리 곤충 채집했으니까 이 느낌 그대로 살려서 글 한 번 적어볼까?"

"네."

"적을 때 오늘 배운 문장부호를 꼭 살려서 잘 적어봅시다."

최순나 선생님의 〈내 아이의 첫 선생님〉 책에 '글보다 삶이 먼저다'라는 말이 나온다. 우리 교과서는 다 경험에서 나온 것이고. 경험 없이 글로만 있는 책을 배우면 아무 의미가 없다는 말에 감동을 받았다. 그래서 오늘 나도 아이들에게 경험을 줬다. 경험이 먼저이고, 글과 교과서는 나중이라고 생각했기 때문이다.

아이들에게 경험을 주니 글이 정말 살아있었다. 직접 보고, 만지고, 느낀 아이들의 마음이 글 속에 살아 숨 쉬고 있었다.

메뚜기가 뛰었어!
청개구리가 뛰었어.
내가 잡고 싶었는데.
선생님이 잡았어. 흥!

내가 뽑은 최고의 작품이다. 오늘 경험을 글로 적으라고 했는데 시가 되었다. 다른 아이들의 글 속에도 오늘 있었던 일이 생생하게 보인다. 아직 한글이 서툰 아이들은 다소 맞춤법이 틀리기는 했지만 글에 감동이 그대로 살아 있다.

오늘 친구들이랑 곤충 채집을 했다. 청개구리는 통나무를 점푸했다. 방아깨비는 징그러웠다. 재밌었다. 다음에도 하고 싶다. 많이는 못 잡았다.

메뚜기가 너무 무서웠어! 개구리를 잡다니 정말 대단해. 친구들은 용감하구나. 나는 메뚜기가 무서운데… 혜정이는 말벌도 잡을 수 있다는데… 대단하네! 역시 대단해! 학교는 재밌어!

오늘은 친구들과 숲에서 곤충을 잡았다. 메뚜기랑 개미랑 잡았는데 선생님이 개구리를 잡으셨다! 그런데 선생님이 우리가 들고 있던 통에 넣었다. 교실로 데리고 왔는데 와! 친구들이 우리가 들고 왔던 통에 몰려들었다.

오늘은 곤충을 잡았다. 선생님이 청개구리를 잡았다. 선생님이 어떻게 청개구리를 잡았을까? 궁금하다.

매뚜기를, 자분니깐, 진그러워요.

1학년 학부모님께!

이거 하라고 하면 저거 하는 청개구리인 아이들, 여기 앉아 있으라고 하면 저리로 뛰어다니는 메뚜기인 아이들. 그래서 자연과 아이들은 서로서로 통하는 걸까요? 아무튼 아이들을 자연에 놔뒀더니 자연과 하나가 되어 놀았습니다. 처음엔 메뚜기가 무서워 근처도 못 가던 아이들이 나중에는 "선생님, 여기 메뚜기요!" 하며 잡아서 보여주기까지 했습니다. 아이들이 자연과 가까이 하여 생명을 소중하게 생각하고, 인간도 자연과 함께 살아가는 하나의 존재라는 걸 느꼈으면 좋겠습니다.

〈여름〉
- 매미와 장수풍뎅이

내가 지하철을 내려 역에서 학교까지 걸어오는 길에는 벚나무들이 길가에 늘어서 있다. 한 벚나무에서 매미 울음소리가 크게, 아주 가까이에서 들린다. 호기심이 발동한 내가 소리 나는 쪽으로 가보았더니 이내 '뚝' 하고 매미가 울음소리를 멈춘다. 매미 요녀석이 사람의 인기척을 바로 감지했다.

'분명 여기 근처에서 울음소리가 났는데… 매미가 어디에 있지?'

주변을 살펴보는데, 내 키보다 훌쩍 높은 나뭇가지에 매미 한마리가 붙어 '메롱~' 하고 있다. 포기하고 그냥 학교로 발길을 옮기려는 찰나, 바로 내 눈앞에 다른 매미 한 마리가 딱 보인다.

'매미다!'

네가 오늘 우리 반 아이들 그림 그리기 모델이다. 아이들이 좋아하는 얼굴을 떠올리며 매미를 잡기 위해 신중을 기한다. '매미야, 잡혀라' 하며 숨을 죽이고 1초에 1센티미터씩 손을 앞으로 움직여 아주 천천히 매미 앞으로 다가간다. 순간 날아오르려던 매미가 "탁!" 소리와 함께 내 손바닥 안에 들어왔다.

"찌지지지찍 찌지지지찍!"

"파다다다닥 파다다다닥!"

내 손 안에서 매미가 사정없이 파닥거린다. 살짝 숨구멍은 남겨두고 왼손을 주먹 모양으로 말아 매미가 움직일 수 있게 해주었다. 필사적으로 탈출하려는 매미의 움직임 때문에 손이 무척이나 간지럽다.

'매미야 조금만 참아라! 곧 학교에 도착한다!'

드디어 교실에 도착했다. 사물함에서 곤충 채집통을 꺼내 조심스럽게 매미를 넣는다.

"삑삑삑!"

"파다다다닥!"

내 손에서 놓여나 곤충 채집통 안에 들어간 매미가 도망가려 천방지축으로 날갯짓하지만 그래봤자 채집통 안일 뿐이다.

오늘 교실에서 아이들과 매미를 보면서 수업할 내용들을 찬찬히 정리해본다. 매미를 단순히 관찰만 하고 지나가면 아쉬움이 클 것 같다. 먼저, 아이들과 함께 풀어볼 매미 퀴즈를 만들었다. 교실에서 매미를 직접 보면서 매미 퀴즈도 풀고, 매미 그림을 그린다고 생각하니 아이처럼 내가 다 설레었다.

눈앞에서 매미를 보며 즐거워할 아이들을 떠올리며 부푼 마음으로 수업 준비를 하는데, 평소 늦게 오는 아이 하나가 웬일로 제일 먼저 교실 문을 열고 들어온다. 자세히 보니 뭔가를 들고 있다. 그러면서 나에게 '그 뭔가'를 준다.

"선생님, 아빠가 잡은 장수풍뎅인데요…. 아빠가 집에선 키울 데가 없어서 교실에서 키우라고 했어요."

희한하게도 오늘 아이 아빠랑 내 마음이 통했나 보다. 오늘 아이들이 매미도 그리고, 장수풍뎅이도 그리면 딱 되겠다 싶다.

〈여름〉 수업시간에 '짜잔' 하며 아침에 내가 잡은 매미를 아이들 앞에 올려놓았다.

"선생님이 잡았어요?"

"가만히 있는데…, 진짜 살아 있어요?"

오늘 배울 〈여름〉 수업에 매미가 동기유발 끝이다. 호기심 많은 아이들은 질문을 그칠 줄 모른다. 아이들의 관심이 최고조인 때를 놓치지 않고 바로 퀴즈 풀이로 들어갔다. 실제 매미가 교실에 있으니 아이들의 집중도가 엄청 높다.

'매미는 땅속에서 몇 년 살까요?'

준비한 첫 번째 질문이 화면에 나왔다. 그런데 내가 마음이 너무 앞서 클릭을 한 번 더 하는 바람에 답이 화면에 나오고 말았다.

"7년, 7년, 7년…."

아이들이 이구동성으로 소리친다. 맛보기 문제라고 하고 넘어가도 되지만, "매미가 7년 사는 거 처음 알았던 사람?" 하고 물어보니 절반 이상의 아이들이 손을 든다. 너희들이 새로 알았다니 뿌듯하다(참고로, 매미 종류에 따라 3년에서 7년으로 애벌레 기간이 조금씩 다르다고 한다).

'우는 매미는 수컷일까요, 암컷일까요?'

준비한 두 번째 문제를 보여준다. 답하려는 아이들은 많은데, 그들 중에서 한 명을 고르기가 너무 힘들다. 제일 먼저 손을 든 소정이에게 기회를 준다.

"수컷요."

"딩동댕!"

한 번에 맞췄다. 잘했다고 젤리 하나를 줬다.

그런데 "수컷이 뭐예요?"라고 한 아이가 물어본다. 역시 궁금한 건 물어봐야 하는 우리 반 아이들이다.

"남자 매미예요"라고 알려줬더니 아이 표정이 밝아졌다.

이어서 마지막 퀴즈도 보여주었다.

'왜 수컷 매미가 울까요?'

이 문제도 생각보다 쉬운가? 아이들 절반 이상이 손을 든다.

"짝짓기하려고요."

쉽게 못 맞힐 줄 알았는데 여학생 한 명이 바로 맞혔다. 우리 반 아이들 참 똑똑하다. 퀴즈 3문제를 풀고 난 뒤에, 매미 유충이 매미가 되는 과정을 영상으로 보여줬다. 아이들이 자연의 신비에 푹 빠져 정말 집중해서 본다. 반응도 가지각색이다.

"선생님, 저 이런 거 처음 봐요."

"정말 신기해요."

"선생님, 좀 징그러운데요."

매미 퀴즈도 풀고, 유충이 매미가 되는 과정도 함께 봤으니 이 제 아이들이 직접 매미를 관찰하고, 그릴 시간이다.

"자, 이제 선생님이 잡은 매미를 한 번 그려볼까요?"

"선생님, 잘 안 보여요."

"알았어요. 실물화상기로 최대한 가까이해서 보여줄게요."

"선생님, 자세히 보고 싶어요."

"그래, 자세히 보고 싶은 사람은 손을 드세요. 선생님이 한 명씩 부르면 나와서 앞에서 관찰할 시간을 줄게요."

실물화상기로는 성에 안 차는 아이들이다. 호기심 가득한 얼굴로 한 명씩 나와서 매미를 관찰했다.

"여러분이 그림을 그릴 때 자기 머릿속에 있는 매미를 그리지 말고 여기 보이는 대로 한 번 그려보도록 해요."

사실 나도 그림은 잘 못 그리는데 아이들과 같이 한 번 그려봤다. 집중하는 이 느낌만으로 아이들과 하나가 된다. 내가 그린 그림을 보고 "선생님, 잘 그리는데요"라며 아이들이 칭찬해준다. 그게 뭐라고 기분이 좋다.

교실에서 매미를 직접 보고 그리니 아이들 그림 속의 매미들이 확실히 생동적이다. 어떤 매미는 귀엽기까지 하다. 좀 과장한다면 매미 상표로 써도 좋은 매미 그림들도 몇몇 보인다.

이어서 등장한 장수풍뎅이. 아이 아버님이 준 참외를 열심히 먹고 있다. 모델 포스가 물씬 나는 수컷 장수풍뎅이다.

"선생님, 계속 움직여서 그리기 어려워요."

"그래도 한 번 최선을 다해보세요."

"선생님, 앞에 가서 봐도 돼요? 만져 봐도 돼요?"

"네. 선생님이 한 명씩 이름 부르면 나와서 자세히 보고, 만져도 보세요. 무서운 사람은 눈으로만 보고 가도 됩니다."

매미를 관찰할 때처럼 앞으로 나와서 실제 만져 보고 싶은 모

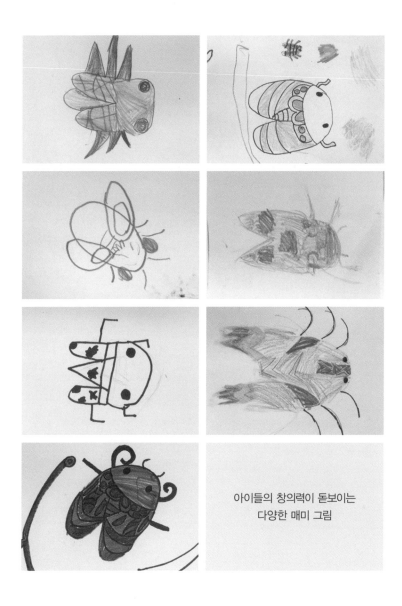

아이들의 창의력이 돋보이는
다양한 매미 그림

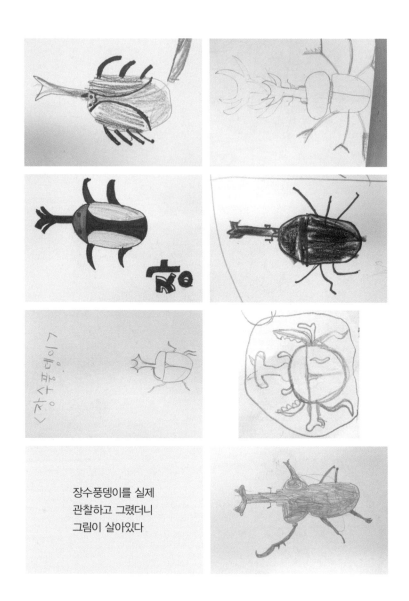

장수풍뎅이를 실제
관찰하고 그렸더니
그림이 살아있다

양이다. 우리 반 27명이 한 명도 빠짐없이 다 나와서 꼼꼼히 관찰하고 만져보고 간다.

"선생님, 너무 부드러워요."

"신기해요."

매미처럼 장수풍뎅이를 실제 관찰하고 그렸더니 그림들이 살아있다. 수업이 너무 재미있었는지 한 아이가 그림일기에 이렇게 적어 놓았다.

> "오늘은 선생님께서 매미를 잡아오셨다. 친구 아빠도 마음이 통햇는지 장수풍뎅이를 잡아오셨다. 장수풍뎅이랑 매미를 처음 밧다. 너무 신기햇다."

책의 그림이 아니라 살아있는 두 곤충 덕분에 흥미진진한 수업이 되었다. 아이들이 교실에서 실제로 곤충을 보고, 만지고, 그리는 생생한 수업을 했다.

매미는 아이들이 집에 돌아가고 난 뒤에 바로 자연으로 돌려보냈고, 장수풍뎅이는 아침에 가지고 왔던 아이가 다시 집으로 가지고 갔다. 매미도 고맙고, 장수풍뎅이도 고맙고, 재미있게 수업해준 아이들 모두가 고마운 하루였다.

1학년 학부모님께!

살아있는 것에 관심이 많은 1학년 아이들. 곤충을 직접 보고 그렸더니 훌륭한 화가가 되었습니다. 식물도 좋고, 곤충도 좋으니 가정에서도 직접 보고 부모님과 함께 그려보는 건 어떨까요? 그림을 그리는 동안 자세히 관찰하면서 생물에 대해 배우게 되는 좋은 시간이 될 겁니다.

05

〈가을〉

– 가을이 오고 있구나!

태풍으로 밤새 세찬 바람이 불더니 나쁜 공기를 쏴악 걷어가 버렸다. 하늘에 아이가 파란 물감을 막 칠한 것 같다. 학교 운동장 위로 파란 하늘에 떠다니는 뭉게구름이 하얗다 못해 새뽀얗다. 신기한 건 그 하얀 구름이 평소보다 무척이나 빨리 움직이고 있다는 거다. 가만히 멈춰 서서 아주 빠르게 움직이는 구름을 쳐다보니, 마치 내가 우주 한가운데 서 있는 것 같다. 그 풍경 속으로 흠뻑 빠져들어 간다.

이 순간을 놓칠 순 없다. 휴대폰을 들고 파란 하늘을 동영상으로 담아본다. 파란 물감을 막 바른 가을 하늘과 뭉게구름을 우리 반 아이들에게도 보여주고 싶다.

교실에서 내가 아침에 휴대폰으로 촬영한 영상을 내려받아 큰 화면으로 보여준다.

"우와! 용 모양 같다."

"구름이 저렇게 빨리 움직여?"

아이들에게 가을 하늘을 감상하라고 보여줬는데, 하늘 얘기는 1초이고 영상 속 아파트가 여기라며 저기라며 난리다.

"저기 ○○ 아파트 맞죠?"

"저기 ○○ 아파트야."

"아니야."

"…"

1학년 아이들에게 너무 큰 감성을 기대한 내가 잘못했구나 싶다. 하지만 여기서 그칠 수는 없다. 이렇게 가을 하늘이 예쁜 날 교실에 그냥 있기가 너무 아깝다. 이런 날은 교실 밖에 있는 것 자체가 수업이고 배움이다. 그래서 아이들에게 제안한다.

"여러분, 〈안녕, 가을〉이라는 그림책을 읽고, 밖에 나가서 가을을 하나 가져올 거예요."

나의 말에 아이들 표정이 멍하다.

"가을을 가져오라고요?"

"네. 나뭇잎도 좋고, 가을이라고 생각되는 것들을 가져와 그림으로 나타내볼 거예요."

"선생님, 그럼 종합장이랑 연필을 가져가도 돼요?"

"네, 좋습니다."

"책도 들고 가도 되나요?"

"가을 독서 참 좋죠. 가을바람을 느끼며 책도 한 번 읽어 봅시다."

그렇게 아이들과 함께 학교 쉼터에 나갔다.

하늘을 보며 구름이 흘러가는 것도 보고, 벤치에 앉아 책도 읽고, 낙엽을 주워 그림도 그리고, 살아있는 곤충들도 관찰한다. 그렇게 아이들은 알아서 가을을 느낀다.

나 역시도 가을 속에 있는 아이들을 보며 생각에 잠겨든다.

'가을 속에 풍덩 빠져 가을과 하나가 되어있는 너희들이구나!'

'그래, 너희들이 있기에 이 가을이 훨씬 더 가을스럽구나!'

'너희들이 바로 가을이야!'

이윽고 아이들이 가을에 빠져 있던 나를 깨워 현실로 데려온다.

"선생님, 다 했어요!"

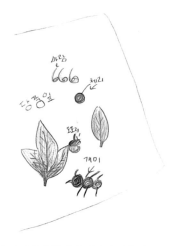

그림 속에 아이들이 찾아낸 각각의 가을이 들어 있다

가을을 멋지게 표현했다며 보여주는 그림들 속에 아이들이 찾아낸 각각의 가을이 들어 있다. 자세히 관찰하고 그린 그림들이라 그림 속에 있는 나무와 꽃들이 살아서 움직이고 있다. 그 가을 그림들을 사진에 담아본다.

'개미, 단풍잎, 새집, 벌집, 구름, 잠자리, 바람…'

지금 이 순간이 너희들 마음속에 살아있는 가을로 오래도록 기억되길 바란다.

 1학년 학부모님께!

책보다는 아이들과 자연으로 나가 사계절을 직접 눈으로 보고, 귀로 듣고, 손으로 느끼고 배우는 게 좋습니다. 아이들 손을 잡고 걷고, 꽃과 나무를 보고 얘기하고, 하늘을 보며 계절을 느껴 보는 건 어떨까요? 그게 봄, 여름, 가을, 겨울을 배우는 제일 좋은 방법입니다.

06

〈겨울〉
– 눈사람 양초 만들기

　겨울 하면 눈이 생각난다. 눈이 오면 눈싸움을 하고 싶고, 눈사람도 만들고 싶다. 하지만 부산에서 어린 시절을 보냈던 나는 눈싸움이 하고 싶어도, 눈사람을 만들고 싶어도 눈이 안 오니 할 수가 없었다. 운 좋게 몇 년에 한 번꼴로 부산에 눈이 내리는 날이면 어른이나 아이 할 것 없이 도시 전체가 들썩거렸다. 다음날 신문에는 어김없이 '부산, 폭설로 교통 마비'라는 타이틀로 1면을 장식했지만, 어린 나이에는 눈이 오는 날이 세상 무엇과도 바꿀 수 없이 행복했다.

　1학년 〈겨울〉 교과서에는 눈을 이용한 놀이가 나온다. 실제 눈으로 눈싸움을 하고, 눈사람도 만들면 참 좋겠다는 생각이 든다. 하지만 남쪽에 살다 보니 눈싸움은 신문지를 뭉쳐서 하고, 눈사람은 다른 재료로 만들어야 하는 게 학교 현실이다.

오늘은 눈사람을 만드는 날. 진짜 눈 대신 양초로 눈사람 만드는 활동을 해보기로 한다. 수업 전날에 내가 먼저 양초로 눈사람을 만들어봤는데 손에 초들이 달라붙어 여간 불편한 게 아니었다. 게다가 책상에도 초가 묻어 엉망이 되었다. 또 색깔 초들 크기가 너무 작아서 잘못했다간 "선생님 색깔 초 더 없어요?" 소리를 수업시간 내내 들을 것 같았다.

내가 한 실수를 바탕으로 아이들이 똑같은 실수와 불편을 겪지 않게 하기 위해 먼저 질문으로 수업을 깨운다.

"선생님이 어제 양초로 눈사람을 만들어봤는데 불편했던 점이 많았어요. 제일 불편했던 점은 책상에 초가 다 묻었던 거예요. 책상에 초가 안 묻게 하려면 어떻게 하면 좋겠어요?"

"뭘 깔고 하면 돼요."

내가 묻자마자, 아이들이 바로 답한다.

"맞아요. 책상 위에 종이를 한 장 깔아주세요. 지금요."

내 말에 아이들이 종이를 찢어서 책상에 깐다.

"그리고 초 심지는 나중에 넣으려고 하니 잘 안 들어갔어요. 어떻게 하면 좋을까요?"

"초를 동그랗게 말기 전에 심지를 넣어서 하면 될 것 같아요."

"역시 우리 반 친구들 엄청나게 똑똑하네요!"

이렇게 아이들이 나의 실수담을 통해 하나하나 배운다. 역시 내가 미리 만들어보길 잘했다는 생각이 든다.

　눈사람을 만드는 순서도 국어 교과서에서 배운 실생활 속 설명하는 글 방식으로, 사진 위에 ①, ②, ③, ④로 직접 번호를 붙여가면서 순서대로 설명하니 집중해서 잘 듣는다.

　실수를 줄일 방법도 배웠고, 순서도 알았으니 이제 아이들이 눈사람 만들 생각에 두 손과 두 눈이 분주해진다. 드디어 학수고대하던 눈사람 양초 만들기가 시작되었다.

　"선생님, 너무너무 느낌이 이상해요."

　"딱딱해요."

　아이들이 양초를 이용해서 눈사람 만들기는 나처럼 처음인 모양이다. 느낌도 끈적끈적하고, 클레이보다 훨씬 딱딱하니 동그랗게 만드는 것도 생각보다 어렵다. 도와달라고 나를 찾는 목소리가 연이어 들려온다.

　"동그랗게 만들어주세요."

　"너무 딱딱해서 힘들어요."

　동그랗게 마는 게 선생님도 힘들었다고 하니 아이들이 공감해준다. 그래도 최선을 다해보자고 격려의 말을 보냈더니 힘들다는 소리가 쏙 들어갔다. 다들 열심히 초로 눈사람 몸과 머리를 만든다. 그러다 갑자기 한 아이가 소리친다.

　"선생님, 저 분홍색 만들었어요."

"어?"

"빨간색이랑 흰색 섞어서 만들었어요."

"헉! 대단하다. 너!"

분홍색이 필요하다고 생각하고 스스로 빨간 초와 하얀 초를 섞어서 만든 거다. 그렇게 만든 분홍색을 어디에 사용하는지를 살펴봤더니 고양이 눈사람 귀로 쓴다. 상상력과 실행력이 정말 대단하다.

아이들이 조그만 손으로 정성스럽게 눈, 코, 입을 붙여 자신만의 눈사람을 만들어 가져오는데 하나같이 개성이 있다. 내가 만든 눈사람보다 100배 더 귀여운 눈사람들이 탄생했다.

당근 코에 네모 얼굴 눈사람도 등장하고, 선물 상자 눈사람과 루돌프 사슴 눈사람도 보인다. 초 심지는 눈사람 머리 위에 꽂는 게 표본인데, 심지 두 개가 손이 되도록 만든 눈사람도 등장한다. 심지를 손으로 사용한 아이의 창의성에 감탄한다.

아이들의 작품이 하나같이 너무 귀엽고 예술성이 가득해 사진으로 찍어 바로 화면으로 크게 보여준다.

"제 것도 찍어주세요."

"제 것도요."

아이들이 우르르 다 몰려나올 기세다.

아이들이 만든 귀여운 눈사람 양초 보는 재미가 쏠쏠했다. 눈사람 양초를 사진 찍고 보여주느라 정신이 없었지만, 아이들의 상

아이들이 자신만의 눈사람 양초를 만들었는데 하나같이 예술성이 돋보인다

〈겨울〉 – 눈사람 양초 만들기

상력과 손재주가 대단하다는 걸 느낀 눈사람 양초 만들기 시간이었다.

아이들은 오늘 하루 즐겁게 잘 놀았다. 그리고 귀여운 눈사람 양초를 하나씩 만들어 집으로 기쁘게 들고 갔다. 교실 바닥과 책상이 초들로 끈적끈적해져서 청소시간이 두 배로 걸렸지만 아이들이 즐거워했으면 됐다. 비록 진짜 눈은 아니었지만, 초를 가지고 즐겁게 눈사람을 만들었으니 그걸로 충분히 만족한다.

눈사람 양초를 만드는 중에 한 아이가 한 말이 아직도 기억에 생생하다.

"선생님, 이제 곧 엄마 생일인데 케이크 사면 그 위에 오늘 제가 만든 초 올려서 사랑한다고 축하하면서 불 붙여줄 거예요."

너무 따뜻한 말이라 순간 나도 모르게 '지지직' 하며 온몸에 전기가 흘렀다.

눈사람 양초 만들기가 아이들 기억 속에 소중한 추억으로 남았으면 좋겠다.

1학년 학부모님께!

1학년 교실에서는 만들기를 참 많이 합니다. 그때 담임선생님인 저도 아이들과 같이 만듭니다. 직접 만들어보면서 아이들의 어려움도 알게 되고, 같이 만들면서 유쾌한 대화를 나누기도 합니다. 가정에서도 자녀와 함께 만들기 시간을 가지길 추천해 드립니다. 레고로 비행기를 만들어도 좋고, 클레이로 로봇을 만들어도 좋습니다. 색종이 3장으로 신나게 돌아가는 종이 팽이도 만들 수 있답니다. 아이들에게는 부모님과 함께 한다는 자체가 큰 선물입니다.

07

〈국어〉

– 나는 자란다

"선생님, 메신저(업무용 연락 프로그램)가 안 되네요!"

아침부터 메신저가 안 되니 학교 컴퓨터 관리 담당인 나에게 여기저기서 연락이 온다. '어서 빨리 고쳐주세요!'라는 마음의 소리가 들린다. 불편한 마음을 해결해주기 위해 서버 컴퓨터를 확인해보지만 원인을 알 수 없다. 컴퓨터 기사님께 연락하니 IP 충돌일 가능성이 크다며 오전 내로 고쳐준다고 하신다. 다행이다.

그렇게 아침 일찍 서버실 다녀오랴, 기사님께 전화하랴 하다 보니 교실에는 평소보다 훨씬 늦게 도착했다. 복도를 걸어 교실로 오는데 우리 반 아이들이 복도에 한가득이다.

"저기, 선생님이다!"

복도에서 서성이던 아이들이 나한테로 다 달려온다.

"선생님, 어디 있었어요?"

"선생님, 왜 늦게 오세요?"

"선생님 안 와서 집에 가려고 했어요!"

담임선생님 찾으러 나온 아이들 목소리로 복도가 소란스럽다.

"시끄럽다. 어서 들어가자."

말은 그렇게 했는데, 한편으론 이렇게 벌떼처럼 날아와 선생님 안부를 걱정해주니 반갑기 그지없었다. 역시 내 새끼들 맞는 모양이다. 선생님 걱정할 줄도 알고. 다 키웠다.

1교시 국어 시간. 본문에 '나는 자라요'라는 글이 나온다.

나는 자라요…. 하루 하루 아주 조금씩 조금씩.

동생을 꼭 껴안아주는 순간에도 나는 자라요.

색종이를 오려 딱 붙이는 순간이나 내 이름을 쓸 때에도 나는 자라요.

단추가 단춧구멍으로 들어가고, 내 발이 내 양말 속으로 들어갈 때에도 나는 자라요…

일기 같으면서도, 수필 같으면서도, 시 같다. 아이들이 남녀 각각 한 번씩 큰 소리로 따라 읽었다. 읽으면서 실제 키도 자라지만, 마음도 자라고, 따뜻함도 자라고, 예술을 보는 눈도 자라고, 글자 실력과 가위질 능력도 자란다는 걸 알려주었다.

그리고 원문을 토대로 해서 내가 쓴 '나는 자라요' 글을 먼저 보여주었다.

아이들 가르칠 때 나는 자라요.
책 읽을 때도 나는 자라요.
아이들 상담할 때도 나는 자라요.

내 예시 글 덕분인지 아이들도 훌륭하게 자신이 자라는 이유를 적어 내려간다. 내가 느낀 그대로를 우리 반 아이들도 느끼고 있어서 감동이었다. 아이들만의 '나는 자라요' 그림과 글이 멋지게 탄생했다.

내가 그림을 그릴 때 나는 자라요.
언니랑 싸울 때 나는 자라요.
내가 공부할 때도 나는 자라요.
내가 운동할 때도 나는 자라요.
내가 놀 때도 나는 자라요.
친구들이랑 수다를 떨 때도 나는 자라요.
1-5 최**

내가 글을 쓸 때도 나는 자라요

내가 더하기 할 때도 나는 자라요.

내가 빼기 할 때도 나는 자라요.

색종이를 할 때도 나는 자라요.

책 읽을 때도 나는 자라요.

1-5 문**

아이들의 글을 읽어가다 한 아이의 글에서 묘한 감동과 아픔이 동시에 전해져 온다.

내가 나를 볼 때도 나는 자라요.

친구들이 나를 놀릴 때도 나는 자라요.

나는 동생이 까불 때도 나는 자라요.

…

나는 친구를 달래줄 때도 나는 자라요.

…

나는 동생을 돌봐줄 때 나는 자라요.

내가 사슴벌레에게 밥 줄 때도 나는 자라요.

1-5 김**

'내가 나를 볼 때도 나는 자라요'라는 문장을 보면서 아이가 참 기특하다는 생각이 들었다. 거울에 비친 자신을 보면서 아이는 자신의 예쁜 모습을 찾아봤을 것이다. 키가 조금씩 크고 있는 것도 확인했을 것이고, 얼굴에 미소도 지으면서 앞으로 자신을 더욱 사랑해야겠다는 마음을 가졌을지도 모른다. 자신과 이야기하며 자라는 아이 모습을 보니 어른인 나도 내 마음과 자주 이야기 나눠야겠다고 마음먹었다.

하지만 이어지는 문장인 '친구들이 나를 놀릴 때도 나는 자라요'란 부분을 읽는 순간 내 마음이 덜컥 내려앉았다. 친구들이 놀려서 힘들었던 적이 있었고, 그 일로 인해 학부모님과도 여러 번이나 통화했던 아이였다. 그렇기에 내 마음속 울림이 더 컸다. 그 일로 인해 너의 마음의 크기가 커졌구나! 그 일로 인해 상처를 스스로 치유했구나! 오히려 내가 아이한테 배우는 시간이 되었다.

게다가 '나는 친구를 달래줄 때도 나는 자라요', '나는 동생을 돌봐줄 때 나는 자라요'는 또 어떤가? 친구를 달래주고, 동생을 돌봐줄 때도 자란다는 아이! 남의 마음을 생각하고 배려하는 그 아이의 글에서 우리 반 아이들을 내가 더 달래주고 돌봐야겠다고 마음먹는다. 아이 글을 몇 번이나 읽고 생각하면서 나를 반성하는 시간이 되었다.

너희들에게 맨날 잔소리만 하는 담임이지만,

담임 없다고 이렇게 우르르 몰려와서 찾을 줄도 알고,

매일 아침에 그림책 읽는 게 도움이 되어서 자란다고 생각할 줄

알고,

수업시간에 더하기, 빼기 하는 게 도움이 되어 자란다고 하고,

색종이 접는 게 도움이 되어 자란다고 생각하는 너희들 덕분에 내가 더 배우고 자라는 것 같다.

고맙다, 우리 반 아이들아!

 1학년 학부모님께!

지난 1년 동안 아이들을 지켜보니 1학년 시절이 신체적으로도 정신적으로도 많이 성장하는 시기입니다. 아이에게 〈나는 자라요〉 책을 한 번 읽어주세요. 그리고 아이에게 무엇이 자랐는 지 한 번씩 물어보면 좋을 것 같습니다. 아이가 적은 '자란 목록'을 책상 앞에 붙여 놓고 바라보는 것도 좋겠습니다.

08

〈수학〉

– 모으기와 가르기

1학년 아이들을 가르치면서 좋은 건 교과서 내용이 쉽다는 거다. 하지만 내용이 쉽다고 얕보면 큰일 난다. 내용의 쉽고 어려움을 떠나 가르치는 건 또 다른 일이기 때문이다. 사실 그림만 가득한 교과서 네 페이지를 2시간 동안 가르치려면 막막해진다. 그렇기에 1학년 선생님들은 수업을 마치고 난 뒤에도 남아 교재 연구를 그렇게 열심히 하신다.

내가 보기에는 1학년 1학기에 수업하는 〈수학〉 교과서의 '모으기와 가르기'가 아이들을 가르치기에 제일 어려운 부분이다. 모으기와 가르기는 더하기와 빼기를 배우기 전에 수를 가지고 모아도 보고, 다양하게 갈라도 보는 활동이다.

언뜻 보기에도 모으기는 그냥 모으면 되는 거지만, 가르기는 다양한 답이 나올 수 있어 어려울 것 같다는 생각이 들었다. 어떻게 하면 쉽게 가르칠 수 있을까를 고민하다가 동그라미 자석을 이용하면 쉽게 모아도 보고, 가르기도 할 수 있을 것 같다는 생각이 들었다.

〈모으기〉

'감자 7개와 감자 4개를 모으면 총 몇 개가 되는가?'

1학년 〈수학〉 교과서에 나오는 모으기 문제다. 아이들 대부분이 시간이 좀 걸리지만 11이라는 답을 적는다. 그렇지만 몇몇 아이들은 10개가 넘어가니 매우 힘들어 한다. 자세히 보니 손가락 10개를 펼쳐 손가락을 꼼지락거리며 더하고 있다. 10개가 넘어가는 순간 헷갈려 하며 몇 번이나 다시 헤아린다.

물론 잘하는 아이들도 많다. 모으기 실력을 자랑하고 싶은지 한 아이가 "선생님 모으기 너무 쉬워요. 모으기 세 개로 해봐요"라고 불쑥 제안한다. "그런 것도 되나?"라고 애들이 웅성거리더니 "네, 도전해봐요"라고 소리 높여 말한다. 도전을 좋아하는 우리 반 아이들이다. 자석을 10개, 4개, 5개로 칠판에 펼쳐 놓았더니 19개라고 금방 잘 모은다.

다음으로 자석 7개와 자석 6개를 칠판에 붙여 놓고 모아보는 문제를 냈다. 정훈이는 평소 집중을 잘 못하고 수업을 자주 방해하는데, 수학 시간엔 눈빛이 반짝반짝한다. 자기에게 발표 기회를 달라고 손들고 애교까지 부린다. 그런 아이의 모습을 보며 내가 속으로 얼마나 웃는지 모른다. 그래, 이럴 때는 꼭 시켜줘야 한다. 그래야 선생님과 학생 간의 친밀함이 형성된다. 다른 아이들도 시켜주고 싶지만 두 눈 꼭 감고 정훈이에게 발표기회를 준다.

"정훈이 앞에 나와서 한 번 풀어볼까요?"

아주 씩씩하게 걸어 나오더니 거침없이 빈칸에 숫자 13을 적는다.

"정훈이, 어떻게 13이 나왔어?"

"6개에서 3개를 빌려 7개에 더하니 10개가 되었어요. 그리고 남은 3개를 더하면 13이 돼요."

정훈이의 거침없고 정확한 설명에 아이들이 손뼉을 친다. 박수소리에 정훈이는 기분 좋은 발걸음으로 자리로 돌아간다. '앞으로 수업시간에 말 잘 듣고 친구들과도 사이좋게 잘 지내자'라고 속으로 정훈이를 힘껏 응원했다.

아이가 칠판 앞에 나와서 자석 7개와 6개가 붙은 모으기 문제를 풀고 있다

〈가르기〉

문제의 가르기다. 하나의 수를 두 수로 갈라야 한다. 교과서엔 한두 가지 방법만 나와 있다. 교과서처럼 한두 가지 방법을 알려주는 것도 좋지만, 가를 수 있는 모든 경우의 수를 알려주기로 한다. 일단 동그라미 자석 7개를 칠판에 붙여 놓고 두 수로 갈라 보라고 했다. 아이들에게 방법이 6가지 있다고 했더니, '뭐? 답이 그렇게 많아?' 하는 표정들이다. 문제를 내주고 교실을 한 바퀴 천천히 둘러보는데 손도 대지 못하고 빈 종이 채로 있는 학생이 10명이 넘는다.

'어휴~ 한 자릿수 가르기인데 이럴 수가!'

가르기는 처음 접해보는 문제라 그렇다고 생각하고 아이들에게 하나씩 알려주기로 했다. 일곱 개에서 하나 가져와서 가르는 1과 6, 일곱 개에서 둘 가져와서 가르는 2와 5, 일곱 개에서 셋 가져와서 가르는 3과 4, 그리고 나머지 방법도 하나씩 설명하고, 6가지 방법인 (1,6), (2,5), (3,4), (4,3), (5,2), (6,1)을 모두 알려 주었다.

숫자 7 가르기 설명에 이어 다음은 더 쉬운 숫자 5를 두 수로 갈라보게 했다. 한 번 해봤다고 그런지 이번에는 잘한다. 가르기를 어떻게 하는지 아이들이 깨달은 모양이다. 아이들 대부분이 숫자 5를 두 수 (1,4), (2,3), (3,2), (4,1)로 잘 갈라놓았다.

그리고 교과서에 나오는 숫자 13 가르기도 하나씩 1부터 12까지 다 갈랐다.

수업 후에 아이들의 노트를 보니 열심히 가르쳤다는 생각에 스스로 뿌듯해졌다. 정성스럽게 동그라미 하나씩 그려가며 가르고 모은 흔적이 고스란히 보인다. 손으로 세기도 어려운 13을 여러 가지 방법으로 가르라고 하니 어려웠던 거다.

그렇게 2시간 동안 열심히 모으기와 가르기를 가르쳤더니 목이 아프다. 수업을 다 하고 난 뒤에 "선생님 수업이 도움이 됐던 사람?" 하고 물어보니 아이들 절반 이상이 손을 든다. 다행이다. 하지만 아직도 내가 많이 부족하다는 걸 실감한다. 교과서는 쉽지만, 가르치는 건 역시 어려운 일이다.

오늘도 그림만 가득한 교과서를 펼쳐놓고 아이들에게 좀 더 쉽게 가르치는 방법이 없나 뚫어져라 쳐다본다. 선생님들은 1학년 아이들 눈높이에서 가장 쉽고 이해하기 쉬운 방법이 뭘까 매일매일 끊임없이 연구한다.

1학년 학부모님께!

"5 더하기 6은?", "4 더하기 5는?" 뜬금없이 던지는 질문 같지만 아이들은 퀴즈처럼 좋아합니다. 말로 하는 덧셈 문제를 자주 접하면서 아이들 스스로 머릿속으로 계산하는 방법을 터득하는 게 좋습니다. "아빠 엄마, 이건 너무 시시하잖아요!" 소리가 나오거나, 문제를 내자마자 바로 답이 나올 때까지 해주시면 참 좋겠습니다. 노트에 써서 푸는 것보다는 머리가 먼저 움직여 말로 나오게 해보시면 아이들도 수학을 조금씩 좋아할 겁니다.

〈받아쓰기〉

– 선생님, 저희 부모님은 [발따]라고 하는데요

2학기부터 매주 금요일에 아이들과 받아쓰기를 한다. 시험 치기 직전에 아이들에게 내가 연습으로 낱말과 문장을 한 번 읽어주는데 이중받침 발음이 생각보다 까다롭다. 그렇지만 너무 자신만만했던지 발음도 정확히 안 알아보고 아이들에게 읽어주기 시작했다.

'끓다'

'발음이 뭐지… [끌타]인가… [끌따]인가…?'

순간 너무 헷갈린다. 두 개 발음을 다 소리내어 봤는데 두 개 다 맞는 것 같다. [끌타] 같긴 한데 확신이 없다.

"애들아, 잠시 있어 봐! 확인 좀 하고."

네이버에서 '끓다'를 검색하니, 바로 낱말 밑에 [끌타] 발음이 나오고, 마이크 모양도 나온다. 아이들과 함께 발음소리를 직접 들고, 몇 번 따라 읽었다. '휴~' 살았다.

그렇게 한 번 식은땀이 난 이후로 받아쓰기 낱말을 읽어주기 전에는 반드시 발음 공부를 하고 아이들 앞에 선다. 오늘도 '네이버 맞춤법 검사기'와 '국어사전'을 동시에 켜놓고 발음 공부를 한다.

오늘 발음의 끝판왕은 '밝다'다. 참고로, 난 부산 토박이다. 할머니도 그랬고, 엄마 아빠도 그랬고, 내 친구들도 그랬고, 거의 모두가 이 낱말을 [발따]라고 발음했다. '야! 진짜 교실 불 밝다[발따]'라고 하지, '야! 진짜 교실 불 밝다[박따]'라고 하는 사람은 지금껏 들어본 적이 없다. [박따] 발음이 맞는 걸 알고는 있지만, 생활에서는 역시 [발따]가 입에 착착 감긴다. 확인하니 역시 국어사전에 발음이 [박따]로 나온다.

내가 자신만만하게 국어사전에 나오는 대로 아이들에게 알려준다.

"자, 밝다[박따] 따라 해보세요."

"박따!"

아이들이 [박따]라고 발음은 하는데, 뭔가 편해 보이지 않는다. 역시 경상도 아이들 맞다. 그러더니 한 아이가 이런다.

"선생님, 저희 부모님은 [발따]라고 하는데요."

'아~' 역시 나의 예상은 그대로 적중한다.

"발음이 뭔지 국어사전에서 한 번 들어봅시다."

그래서 화면에서 마이크 모양을 힘차게 누른다.

[박따], [박따], [박따]

국어사전에서도 이렇게 발음이 들리니 아이들이 어느 정도 수궁하는 눈치다. 맨 앞에 앉은 아이가 "[박따] 맞제, 원래 [박따]야"라고 하는데, 속으로 하하하 웃음이 난다.

중요한 건 그렇게 공부하고 받아쓰기를 치른 뒤에 점수를 매기는데 '밝다' 받침을 많이 틀렸다. [박따]라고 가르쳐주었더니 실제 소리나는 대로 '박따'라고 적어 놓았다. 한숨이 절로 나온다.

이 낱말뿐만이 아니다. 나 역시도 '핥다', '맑다', '끊다' 등 이중 받침 발음이 헷갈려 미리 공부한 낱말들이 참 많다. 독자 여러분도 다음 두 문제를 자신 있게 발음할 수 있나요? 퀴즈 한 번 들어가겠습니다.

1번: '핥다'의 발음은? ① [할타] ② [할따]
2번: '맑다'의 발음은? ① [막따] ② [말따]

정말 어렵지요? 이제 퀴즈 정답을 공개합니다.
1번: '핥다'의 발음은? ②
    ① [할타] ✔ [할따]
2번: '맑다'의 발음은? ①
    ✔ [막따] ② [말따]

1학년 학부모님께!

한글 참 어렵죠? 많이 읽고, 많이 쓰면서 꾸준히 익히는 방법 밖에 없는 것 같습니다. 받아쓰기 시험 전날에 가정에서 아이들과 한 번이라도 같이 써 보는 시간을 가지면 좋습니다. 집에서 연습해온 아이들은 받아쓰기 시험에서도 자신감이 철철 넘쳐흐릅니다. '나도 할 수 있구나!'라는 작은 성취가 모여 커다란 자신감으로 자라날 겁니다. 받아쓰기는 어쩌면 자신감을 키우는 시간이 아닐까요?

〈받아쓰기〉 – 선생님, 저희 부모님은 [발따]라고 하는데요

10

초등학교 1학년 교실, 하루 일과

나의 하루는 지하철을 내려 역에서 학교까지 걸으며 시작된다. 20분 동안 자연과 함께 하는 이 시간이 나는 참 좋다. 노란색 씀바귀꽃도 보이고, 무리 지어 피어있는 미니 달걀 프라이 모양의 개망초꽃도 보인다. 오늘은 특히나 도라지꽃의 보라색이 유난히 눈에 들어온다.

"예쁜 도라지꽃 도라지꽃 아기별이 잠시 내려와~"

평소에 아이들이 자주 부르던 〈도라지꽃〉 노래가 입에서 자연스럽게 흘러나온다. 1학년 담임선생님을 하면서 예쁜 동요를 많이 불러 내 마음도 아이처럼 바뀌었나 보다.

꽃도 보고, 나무도 보고, 하늘도 보고… 그렇게 쉬엄쉬엄 학교로 오는 길. 빠르게 걷지 않아도 되고, 너무 천천히 걷지 않아도 되는 이 길. 적당한 보폭에 새와 나무와 꽃과 하늘을 보면서 자연과 함께하는 출근길이 마냥 좋다.

오늘은 금요일. 교실에 들어서자 아이들이 '우울하다', '기쁘다', '울고 싶다' 등 다양한 감정이 있는 감정표에 자신의 이름을 붙인다. 금요일엔 특히나 기분 좋은 감정칸에 아이들 이름이 유독 많다. '신나다' 칸에 벌써 6명이 꽉 찼다. 이름표를 넣을 자리가 없다. 그래서 비슷한 감정 '즐겁다' 칸에도 2명, '행복하다' 칸에도 2명이 있다. 오늘 '나 기분 좋아요'라고 말하는 아이들이다.

왜 금요일에 기분이 좋은지 궁금해 아이들에게 물어본다.

"미정아, 오늘 왜 기분이 좋아?"

"아빠랑 엄마랑 오늘 학교 끝나고 캠핑 가서 너무 좋아요. 빨리 가고 싶어요."

"민수는 왜 좋아?"

"전 오늘 학원에서 친구들이랑 아이스크림 먹어서 좋아요. 얼른 아이스크림 먹고 싶어요."

기분 좋은 우리 반 아이들. 학교도 캠핑처럼, 아이스크림처럼 매일매일 재미있는 곳이 되면 좋겠다고 생각해본다.

1교시엔 진짜 아이스크림은 아니지만, 색종이 아이스크림콘을 만들어보았다. 아이들 실력에 딱 맞춘 종이접기라 그런지 화면을 보고 잘 따라한다. 그래도 아직 종이접기가 힘든 아이들이 한두 명 보인다.

"다음 장면으로 넘어가도 돼요?"

"아니요, 아직이요."

"이제 됐나요?"

"잠시만요!"

27명의 아이와 한 교실에서 수업하면서 기다려주는 게 제일 큰 일이다. 기다려주고, 기다려주고, 기다려줘도 계속 기다리라고 한다. 그래도 기다려줘야 한다. 아이가 모른다고 하면 뛰어가야 한다. 역시나 한 아이가 선생님을 부른다.

"선생님, 이거 어떻게 하는지 모르겠어요."

"알았어. 선생님이 가서 도와줄게."

"아~ 이렇게 하는구나!"

급히 뛰어가 가르쳐주고 오느라 숨이 가쁘다.

"이제 다음 장면으로 넘어가도 되죠?"

"네~"

그제야 일제히 큰 소리로 대답한다. 색종이를 한 장면 한 장면씩 따라서 접으니 어느새 아이스크림콘 모양이 되어 간다. 그런데 색종이를 뒤집는 순간, 곳곳에서 웅성거림이 들려온다.

"선생님, 잘 모르겠어요. 도와주세요!"

"선생님이 일일이 다 못 도와주니 완성한 사람들은 주위 친구 좀 도와줄래요?"

나의 한마디에 "저요", "저요" 하며 자신의 실력을 맘껏 표현하고 싶은 아이들이 몇몇 보인다.

"이렇게 해서 뒤로 접는 거야."

"고마워!"

그 아이들이 도와달라고 손을 들고 있는 친구한테 가서는 얼마나 잘 도와주는지… 나보다 훨씬 더 친절하기까지 하다. 도와주는 아이들의 마음이 참 곱다.

하마터면 반 전체를 내가 다 돌아다니며 도와주느라 수업시간에 아이스크림콘을 완성하지 못할 뻔했다. 우리 반 꼬꼬마 선생님들 덕분에 금세 해결이 되었다. 기다림의 연속이었지만 한 명도 빠짐없이 아이스크림콘을 완성하였다. 아이들이 서로 도와주니 어려운 일도 쉽게 해결이 됐다.

기다림의 연속이었지만 아이들이 저마다의 아이스크림콘을 완성하였다

점심을 먹고 난 뒤에 남자 한 줄, 여자 한 줄로 얼른 줄을 세운다. 내가 공중에 손가락 2개를 펼쳐 들면 이제 아이들이 알아서 '앞으로나란히'를 하고 줄을 선다. 아이들에게 잔소리도 안 하고 행동으로만 보여주니 이 방법도 참 좋다. 그래도 소리로 줄을 최종 마무리한다.

"앞으로!"

"나란히!"

그늘이 있는 놀이 공간으로 아이들을 데리고 간다. 10분 정도 그늘에서 아이들과 함께 휴식을 가진다. 바람이 참 시원하다. 금방 밥을 먹어서 뛰지 말라고 하는데도 아이들이 술래잡기하느라 정신없이 뛴다. 내 말은 항상 반대로 하는 청개구리 아이들이다. 서로 부딪힐 것 같은데도 부딪히지 않고 뛰어다니는 걸 보면 마냥 신기하다. 그 많은 에너지를 숨기고 교실에서 어떻게 조용히 있나 싶다. 하하하 호호호 웃으며 여름 바람을 물 만난 물고기처럼 쏜살같이 헤엄친다.

점심밥을 먹고 그렇게 잠깐 동안 놀이 공간을 휘젓고 들어오면 아이들 기분이 붕 떠서 공부가 안 될 것 같지만, 사실 집중을 더 잘한다. 한자 '발 족(足)'과 '입 구(口)'를 가르쳐준다. 한 획 한 획 정성 들여 따라 쓰는 아이들. 한자 실력도 제법 늘었다. 4교시 한자 수업을 마치자마자 교실 문 앞에 붙어 있는 한자 코너로 가서 오늘 배운 한자를 복습하는 아이들이다. 그러면서 한 아이가 그런다.

"우리 반에 족발 있어, 족발!"

아이의 말에 '우리 반에 있는 족발은 뭘까?' 하며 귀를 쫑긋하고 들어본다.

"발 족(足)을 거꾸로 하면 족발이야. 그래서 여기 족발이 있어."

이게 1학년 아이들 대화다. 재미있다. 혼자 속으로 하하하 웃는다.

5교시 마지막 수학 시간이다. 요즘 20까지 숫자를 배우고 있다. 교과서와 〈수학 익힘책〉을 다하고 남은 시간에 〈넘버 블록스〉 영상을 보여준다. 손으로 직접 조작하는 게 가장 좋은 방법이지만 효율성 측면에서 영상으로 보는 것도 꽤 좋다.

〈넘버 블록스〉는 1부터 100 넘어서까지 각각의 숫자 블록들이 합치고 변신하여 수 개념을 알려주는 영어로 말하는 수학 영상이다. 예를 들어, 10이라는 블록 캐릭터는 1과 9, 2와 8, 3과 7, 4와 6, 5와 5로 변신하여 10에 대한 보수 개념을 블록으로 쉽게 알려준다.

오늘 넘버 블록 캐릭터는 '16'이다. 넘버 블록 8이 두 개로 변신하고, 넘버 블록 4가 4개로 변신을 한다. 이때다. 화면을 정지하고 아이들에게 즉석 퀴즈를 낸다.

"넘버 블록 4가 4개 있으면 총 몇 개?"

"16개요."

"맞아요. 잘하네요. 그럼 이걸 곱하기로 나타내면?"

수학에 관심 있는 한 아이가 대답한다.

"사 곱하기 사는 십육이에요."

우리 반 아이들은 곱하기도 배운다. 곱하기 개념이 무엇인지 안다. 4가 네 개 있다는 것이고, 4를 네 번 더하는 것이다. 내가 자주 설명을 해주고 직접 보여줘서 그렇다. 한 아이는 곱셈표로 뛰어가서 확인까지 한다.

오늘은 아침부터 신나 있는 아이들에게 감정 이야기로 마음을 들어주었다. 그리고 색종이 접기로 기다림과 성취의 기쁨도 배웠고, 놀이 공간에서 즐겁게 뛰어놀았다. 수학 공부도 하고, 한자 공부까지 했더니 하루가 금방 지나갔다.

 1학년 학부모님께!

1학년 담임선생님들은 수업시간에 최선을 다해 아이들을 가르치고 계십니다. 받아쓰기와 국어, 수학 그리고 노래 부르기와 종이접기까지 매 순간 열심히 가르치고 계십니다. 아이들이 못 하는 게 있으면 내 아이처럼 하나하나 도와줍니다. 부모님께서도 담임선생님을 믿고 응원해주시면 고맙겠습니다.

CHAPTER
5

선생님으로
다시 태어나다

01

'스승의 날', 당신은
기억에 남는 스승이 있는가?

당신은 '스승'이 있는가? 어디로 가야 할지 몰라 헤매고 있을 때 평생의 나침반이 되는 그런 분이 있는가?

지금은 하늘나라에 계시지만 따뜻한 마음을 심어준 박순애 선생님이 나에겐 그런 스승이다. 5학년 시절, 선생님은 손톱을 직접 깎아주시며 나에게 사랑을 주셨다. 잘한 우리 모둠에게 주말 소풍이라는 선물도 주셨다. 하루는 내 일기를 50명의 아이들 앞에서 읽어주시며 한없이 칭찬해주셨다. 어린 나이에 따뜻한 마음을 심어준 선생님 덕분에 내가 선생님이 되었는지도 모른다. 그래서 나는 해마다 스승의 날이 다가오면 박순애 선생님이 생각나고 그립다.

5월 어느 날, 한 아이가 나를 보자마자 "선생님, 이거요!" 하며 가방에서 카드를 한 장 꺼내서 준다. 그제야 내일이 15일, 스승의 날이라는 걸 알았다.

"엄마가 이거 선생님 갖다 드리래요!"

아이가 건네준 카드에 따뜻한 사랑이 느껴진다.

그날 반에서 제일 늦게 온 민정이도 "선생님, 스승의 날 편지요" 하며 퉁명스럽게 카드를 툭 내민다. "이거 왜 주는 거야?" 하고 시치미를 떼고 물어보니 "할머니가 그냥 주래요" 하고 말한다. 경상도 특유의 무뚝뚝한 사랑이 전해지는 풍경이다. 마음으로는 '정말 고마워!' 하고 안아주고 싶은데, 나도 경상도 특유의 무뚝뚝함 때문에 "어! 고마워!" 하고 만다.

스승의 날을 맞아 담임선생님을 생각해주신 학부모님과 아이들 덕분에 아침부터 기분이 좋았다. 내가 작년에 맡았던 5학년 아이들도 쉬는 시간에 틈을 내어 나를 찾아와서는 손수 만든 정성 가득한 카드를 주고 간다.

아이들이 집으로 돌아가고 난 뒤에 혼자 남아 카드를 꺼내어 본다. 카드에 뭐가 적혀 있는지 궁금하다. 제일 늦게 와서 퉁명스럽게 카드를 쓱 내민 1학년 민정이의 글부터 읽는다.

곽도경 선생님께

선생님 안녕하세요. 저는 민정이에요.

저희를 가르쳐 주시고 이끌어 주셔서 감사드립니다.

급식실 갈 때 똑바로 줄도 서고, 점심밥 먹을 때도 대화하지 않고 조용히 맛있게 먹을게요.

친구들에게 발장난도 치지 않을게요.☆

화장실 갈 때도 위험하게 뛰지 않고 천천히 걸어 다니겠습니다.

수업시간, 오전 9시부터 9시 30분까지 엉덩이 안 떼기 규칙을 어기지 않도록 하겠습니다.♡

친구들과도 사이좋게 지내고 공부도 열심히 할게요.

선생님 사랑합니다♥

- 1학년 5반 민정 올림

아이의 글을 읽으니 평소 아이들에게 잔소리만 가득 늘어놓은 것 같아 많이 미안했다. 평소 내가 아이들에게 자주 사용했던 말이 카드에 솔직하게 다 적혀 있다. 아이들에겐 하나도 숨길 수가 없다. 나의 말과 행동이 얼마나 중요한지 아이의 글에서 깨닫는다. 기본을 지키겠다는, 열심히 하겠다는 아이의 마음을 읽고 속으로 뿌듯하였다.

작년에 가르쳤던 5학년 아이들이 준 카드도 하나씩 읽었다. 1년 내내 말썽꾸러기였던 민준이가 주고 간 카드 글에 살며시 미소가 지어진다.

존경하는 선생님♡

저 민준이에요. 스승의 날을 맞이하여 적게 되었어요.

5학년 때 선생님이랑 했던 역사 공부, 맨날 월요일에 하던 주말 이야기가 제일 재미있었어요. 중학교 가서도 잘할게요.

- 민준 올림

그리고 두 번째 카드를 열어 읽으면서 몸이 얼고, 심장이 얼고, 눈물이 났다. 그냥 혼자서 텅 빈 교실에서 '흑흑흑…' 소리내어 울었다. 길지도 않은 다섯 줄 내용이다.

존경하는 선생님께
제 모든 학년 중
가장 존경했던 선생님이 곽도경 선생님이십니다.
매일매일 행복하게 보내세요.
2021. 5. 14. 선생님을 존경하는 서진이가

그 아이가 '제 모든 학년 중 가장 존경했던 선생님'이 나란다. 고맙고 또 고마워서 눈물이 났다. 작년 1년 동안 내가 아이들을 위해서 애썼던 마음을 애들은 다 알고 있었다니 감동이었다. 눈물을 한 바가지 흘렸더니 세상이 달라보였다.

오늘은 아이들의 편지로 따뜻한 하루를 보냈다. 매일 아이들과 함께하는 하루가 힘들다고 불평을 달고 살지만, 1학년 아이들도 알고 있었던 거다. 선생님이 자기들을 위해 애쓰고 있는 걸 말이다. 그런 생각을 하니 위로가 되는 동시에 '선생님 되길 참 잘했구나' 하는 생각이 들었다.

남은 교직 생활에도 아이들을 위해 정성을 다해보겠다는 '나의 스승의 길'을 적어본다. 박순애 선생님의 따뜻한 마음을 아이들에게도 심어주리라 다짐을 해본다.

따뜻한 스승이 되도록

매일매일 나의 마음을 닦으며

바른말과 행동을 하도록

아이 맘에 내 맘이 조금씩 물들 수 있게

아이 마음을 아껴주고 사랑해주자!

그게 바로 스승의 길이다.

1학년 학부모님께!

스승의 날이 되기 전에 담임선생님의 고마운 점을 아이들과 한 번 이야기해보세요. 그것을 카드에 적는다면 담임선생님의 고마운 점을 느껴보는 소중한 시간이 될 겁니다. 그리고 그 카드를 담임선생님께 전해드리면, 그것을 받아보는 담임선생님도 무지 기뻐할 겁니다. 아이의 마음과 선생님의 마음이 연결되어 1년 동안 서로를 믿어주는 작은 선물이 될 겁니다.

02

아침 일찍 학교에 가는 건
무서워요!

초등학교 시절에 나는 학교가 멀리 있어 아침 일찍 학교에 가본 적이 없다. 대신 청소하느라고 친구들이랑 늦게 남은 적은 한두 번 있었다. 그때 컴컴한 복도와 텅 빈 교실을 경험하며 재미있는 학교가 순식간에 무서워질 수 있다는 걸 처음 알았다. "야, 귀신이다!" 하는 장난꾸러기 친구의 말에 진짜 귀신이 나타난 줄 알고 계단을 서너 칸씩 뛰어 도망갔던 기억이 어렴풋이 떠오른다.

오늘은 학교에 도착하니 7시 35분. 너무 이른 시간이라 복도가 어둠침침하다.

"탁! 탁!"

스위치를 눌러 복도에 불을 켠다.

교실에 들어와 칠판에 오늘 배울 내용을 적는데 "선생님, 몇 쪽이에요?"라고 하는 애들 환청 소리가 들린다. 그렇게 혼자 이른 시간에 수업 준비를 하고 있는데, 웬 아이 하나가 교실 문 앞을 기웃거린다. 모르는 애다.

'누구지?'

문을 열고 아이에게 물었다.

"몇 반이야?"

"4반요."

쭈뼛거리며 아이가 겨우 말한다. 시계를 보니 8시가 채 안 됐다.

'왜 이렇게 일찍 왔지?'

혼자 속으로 궁금해하며 그 아이와 함께 옆 반으로 간다.

"교실 문이 안 열려 있구나! 선생님 따라 교무실로 가자. 열쇠 가지러."

이 시간에 항상 아이들에게 줄 우유를 가지러 가니 잘 됐다 싶었다. 카트를 끌고 아이와 함께 엘리베이터를 탄다.

"이름은 뭐야?"

엘리베이터 안에서 4반 아이 이름을 물어본다.

"김지성이에요."

"애야, 교무실은 여기야. 너희 반 열쇠는 여기 있다. 이거 가지고 올라가서 문 열고, 불 켜고 책 보고 있어. 선생님이 우유 가지고 얼른 올라갈게."

나의 긴 설명에 아이가 고개만 살짝 끄덕인다.

카트에 아이들에게 줄 일곱 상자 우유가 가득 쌓였다. 1반부터 교실 문 앞에 우유를 내려놓는다. 4반까지 왔는데 아까 그 애가 교실 문을 못 열고 낑낑대고 있다.

'도와주세요, 선생님!'

아이 마음속 소리가 들린다. 자세히 보니 자물쇠는 열쇠로 열었는데, 문과 문을 고정하는 핀을 못 열고 있다. 핀이 너무 빡빡하다. 나도 겨우 핀을 돌려 문을 연다.

"이제 문 열었으니까 여기 불 켜는 거 켜봐. 그리고 자리에 앉아서 책 좀 읽고 있어. 담임선생님 금방 오실 거야."

내 말에 아이가 안심이 되는지 직접 불을 켜고 자리에 앉는다. 아이를 확인하고, 우리 반과 6반에 우유를 놔두고, 반 바퀴 돌아 교실이 떨어져 있는 7반에 도착했다. 그런데 7반도 불이 환하다.

'누구지? 이 시간에?'

교실 앞문에 웬 3학년쯤 되는 여자애가 서 있고, 교실에는 1학년 애가 앉아 있다. 시계를 보니 8시 5분을 조금 넘었다.

"애야, 뭐 하고 있어?"

"동생이 혼자 있어서 무섭다고 해서요."

표정을 보니 언니도 얼른 자기 교실에 가고 싶은가 본데, 1학년 교실 앞에서 동생 때문에 발을 동동 구르고 있다.

"그럼 동생 안 무서울 때까지 조금만 더 있어 주라."

"아, 네."

"담임선생님 이제 곧 오실 거야."

"네."

등교 시간이 8시 40분인데, 일찍 오는 애들을 본 것이 벌써 두 명이다. 선생님인 나도 비 오는 날에는 한 번씩 깜깜한 복도가 섬뜩한데, 1학년 애들에게 텅 빈 교실과 텅 빈 복도는 아직 너무 낯설고 무서운 곳이다.

1학년 일곱 개 반에 우유를 다 배달하고 수업 준비를 마무리하니 8시 30분. 갑자기 4반 선생님이 내게 와서 묻는다.

"혹시 우리 반 애 못 봤어요?"

"애요? 아! 지성이요?"(혹시 몰라서 이름을 물어본 게 이렇게 큰 도움이 될지 몰랐다.)

"제가 문 열어줬는데… 지성이 교실에 앉아 있었는데요."

"(무척 당황해하시며) 애가 책가방은 놔두고 없어졌네요."

"네?"

"지성이가 원래 항상 8시 50분쯤에 오는 앤데…. 일찍 오는 애가 아닌데…. 참 이상하네요…."

4반 담임선생님이 그렇게 말씀하신다. 순간 지성이를 데리고 와 함께 있을 걸 하는 후회가 밀려온다.

우리 반 아이들도 한두 명씩 오더니 교외 체험학습 가는 아이

빼고 26명이 다 등교해 교실에 꽉 찼다. 아이들이 오면 다른 일은 아무것도 못 한다. 오로지 아이들과 호흡하며 칠판에 적힌 일정대로 수업해야 한다. 곳곳에서 올라오는 민원도 해결해야 하고, 아이들 밥도 먹여야 하고… 나의 손길이 안 미치는 곳이 없다. 중간중간 애들이 힘들어 하면 노래도 틀어주고, 눈치 게임도 하고, 업 앤 다운 게임도 한다.

오늘 하루가 어떻게 지나갔는지 모르겠다. 아침에 있었던 지성이 일은 까마득히 잊어버렸다. 지친 몸과 마음을 이끌고 학년 연구실에 왔더니 4반 선생님이 보인다. 선생님을 보니 그제야 지성이가 생각났다.

"선생님, 아침에 지성이 어떻게 됐나요?"

"아, 엄마가 아침에 시계를 잘못 봐서 9시인 줄 알고 급하게 교문 앞에 애 놔두고 갔다네요."

"아~ 네."

"나중에 엄마가 애를 집에 오라고 해서 밥 먹이고 학교에 다시 보냈어요."

"휴~ 다행이네요."

우리 반 애들 가르치느라 완전히 잊고 있었는데, 혹시나 했던 걱정이 한순간에 사라졌다. 나 때문에 아이가 사라져서 어떻게 된 건 아닌지 아침에 얼마나 걱정을 했는지 모른다. '다음에 이런 일이 있을 때는 꼭 아이랑 같이 있어야지'라는 교훈도 얻었다.

아침 일찍 아이를 학교에 보내는 부모님 마음도 이해는 된다. 그러나 1학년 애들에겐 아직 이르다. 아침에 내가 만난 아이 둘은 얼마나 무서웠을까 하는 생각이 든다. 언니가 있어서 다행이었고, 내가 있어서 그나마 다행이었다.

아직은 교실이 낯선 아이들, 그들 옆에 누군가 있어야 한다. 그 것만으로 힘이 된다. 친구들이 오기 전, 아무도 없는 학교 교실은 1학년 아이들에겐 아직 무서운 곳이다.

 1학년 학부모님께!

학기 초에 아이를 너무 일찍 학교에 보내는 건 아이에게 불안 감을 줄 수 있습니다. 정서적으로 완전히 독립된 아이들조차 도 텅 빈 교실에 혼자 있는 건 무섭습니다. 친구와 같이 가게 한다거나, 아는 언니나 오빠가 있다면 같이 갈 수 있도록 해주 세요.

03

네임펜, 내 있다. 여기!

정재찬 교수의 〈우리가 인생이라 부르는 것들〉이라는 책에 '좋은 교실은 나누는 교실'이 되어야 한다는 글이 나온다. '좋은 교실이라…' 한 번도 생각을 못 해봤는데, 책을 읽으면서 우리 반이 친구들끼리 서로 주고받고 나눠주는 그런 교실이 되면 참 좋겠다는 막연한 생각을 했다.

어느 날, 그 나누는 교실이 실제 내 눈앞에서 일어났다. 2학기 첫날 내가 교과서를 나눠주고 "받은 책에 네임펜으로 이름을 적으세요"라고 말했더니, 새 교과서를 받고 아이들이 기분 좋게 자신의 이름을 적는다. 그러다 한 아이가 "선생님, 저 네임펜 없는데요"라고 말을 한다. 그 말과 동시에 곳곳에서 네임펜을 달라는 아이들 소리가 쉴 새 없이 이어진다.

"네임펜 빌리는 것도 배움이고, 능력입니다. 오늘은 한 번 친구들한테 잘 빌려 봐요!"

내 말에 아이들 표정이 뚱하다. '뭐 이런 어려운 걸 시켜' 하는 표정이다. 그런데 금방 의외의 일이 생겨났다. 주위에 있던 아이들이 서로 네임펜 있다며 빌려준다고 야단법석이다. 평소에 자기를 먼저 챙기고, 자기 것만 챙기던 아이들인데 이럴 땐 또 그렇게 인심을 쓴다. 1학년 아이들은 알다가도 모를 일이다.

"네임펜, 내 있다. 여기!"

"나도 있다. 여기!"

"내가 빌려줄게!"

네임펜을 가진 아이들이 네임펜 없는 친구들에게 서로 빌려주겠다고 난리다. 순간 마음속으로 '이건 뭐지' 싶었다. 친구가 네임펜이 없어서 이름을 못 적고 있으니 안타까워서 공감하고 빌려주려는 거다. 아이들이 스스로 빌려주고, 도움 받는 모습을 보고 있으니 속으로 흐뭇했다.

하지만 그 흐뭇함도 잠시, 더 큰 문제가 발생했다. 2학기 첫날 전학 온 한 명이 네임펜을 못 빌리고 있다. 아는 아이가 하나도 없다. 말 걸기가 어려워 빌리기가 벅차 보인다. 그 전학생을 유심히 지켜보던 여자아이 하나가 한참 있더니 "여기 있다"라며 네임펜을 빌려준다.

'됐다!'

친구들끼리 네임펜을 빌려주고 도움받는 모습이 흐뭇했다

'이거다!'

속으로 쾌재를 불렀다. 마음과 마음이 이어진 순간이다. '나누는 교실'이 실제로 내 눈앞에서 일어났다. 내가 시키지도 않았는데 아주 자연스럽게 말이다.

 1학년 학부모님께!

아이들이 자기 것만 챙길 것 같지만, 아닙니다. 아이들은 잘 나눠주고, 서로 잘 도와줍니다. 뭐든지 잘하고 싶은 아이들이라 도와주려는 마음도 엄청 크답니다. 따뜻한 마음이 우러나올 수 있도록 우리는 환경만 만들어 주면 될 것 같습니다.

네임펜, 내 있다. 여기!

04

코로나19 검사 받으니까 무서워요

오늘은 12월 2일, 목요일이다. 평상시라면 등교한 아이들로 시끌벅적할 학교가 조용하다. 아침 9시. 1교시를 시작하는 벨이 울렸는데도 교실에 아이들이 한 명도 없다. 바로 코로나19 확진자가 어제 우리 학교에서 나왔기 때문이다. 아이들은 곧바로 전원 하교했고, 학교는 폐쇄조치를 취했다. 수업은 모두 원격수업으로 전환하고, 해당 학년 학생들과 선생님들은 모두 코로나19 검사를 받았다.

미국이나 유럽 각국에서 코로나19 확진자 숫자가 기하급수적으로 늘어나 우려가 컸는데, 우리나라도 신규 확진자 수가 5천 명을 넘었다. 아니나 다를까 우리 반 아이들 가운데 확진자 밀접 접촉자도 한두 명씩 내게 연락이 온다. 12월 연말을 앞두고 분위기가 어수선하다. 뭔가 좋게 마무리돼야 할 텐데 걱정이 이만저만이 아니다. 이것이 시작인지, 중간쯤을 지나고 있는지 도무지 감을 잡을 수가 없다.

다음날이 돼서야 아이들이 교실로 나왔다. 그것도 오후 3시에. 이유인즉슨 1학년은 확진자가 나오지 않았는데도 혹시나 몰라 보건소에서 학년 전체 검사를 결정한 것이다. 아이들은 가방 없이 학교에 온 게 좋은 건지, 하루 만에 친구들을 다시 볼 수 있어 좋은 건지 평소보다 들떠 보인다. 나 역시도 어제 하루 잠깐 아이들을 안 봤는데, 다시 보니 이산가족 상봉한 것처럼 반갑다.

"선생님, 저는 마스크 두 개 쓰고 왔어요!"

"저도 마스크 두 개 쓰고 왔어요."

학교에 확진자가 나온 날, 마스크를 한 장씩 더 쓰게 했더니 그걸 그새 따라 한 거다. 그 말을 듣고 아이들 모습을 보고 있자니 마음이 짠하다. 코로나19가 대체 뭔데 이러나 싶다.

"너 왜 마스크 두 개 쓰고 왔어?"

여자아이가 마스크 두 개 쓴 남자아이를 발견하며 말한다.

남자아이는 대답 대신 "크크크크크…" 하며 웃는다.

"그런데 너 마스크 거꾸로 썼어!"라고 여자아이가 알려준다.

자세히 보니 두 번째 마스크 위아래가 바뀌었다. 주변 아이들이 하하하 다 웃는다. 그렇게라도 웃으며 긴장을 푸는 아이들이다.

하루 사이에 친구들을 봐서 아이들 기분은 좋긴 한데, 상황이 상황인지라 긴장이 되는 건 사실이다. 그 긴장을 풀기 위해 그렇게 아이들은 서로 수다를 떨고 분주히 움직였나 보다. 조금 있으니 아이들 속마음이 들린다.

"선생님, 너무 긴장돼요. 무서워요."

"코로나 검사받으니까 무서워요."

이게 진짜 아이들 속마음이었다. 평소 복도에 줄을 서기만 하면 떠드는 아이들이지만, 코로나19 검사를 받으러 온 지금 모습은 확연히 달랐다. 앞뒤 간격을 넓히고 최대한 조용히 강당으로 들어간다.

임시 선별 진료소가 차려진 강당에 앞반 아이들이 검사를 받고 있다. 그 모습에 압도된 아이들에게 조용히 하라고 할 필요도 없다. 하얀 방호복을 입은 분이 아이들에게 유의사항을 알려준다. 자세히 보니 우리 학교 4학년 선생님이다. 학교 선생님들이 오셔서 많이들 도와주고 계시다. 참 고마운 일이 아닐 수 없다.

드디어 우리 반 차례가 되었다. 생애 첫 코로나19 검사가 시작되었다.

"선생님, 아이들과 이름 확인해주시고요, 고개 뒤로 젖히면 다시 해야 하니까 목 뒷부분 살짝 잡아주세요!"

검사하시는 분이 내게 알려주신다. 내가 우리 반 1번 정훈이 목을 잡는데 아이가 긴장을 많이 했다. 고개가 빳빳하다.

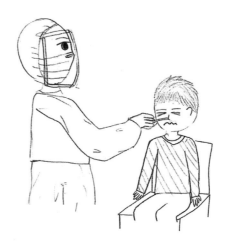

우리 반 아이들이 모두 등교해 코로나19 검사를 받았다

"많이 긴장되지? 2초만 참으면 되니까 참을 수 있지? 아~ 하고 입 크게 벌리고 소리 내어 볼래?"

검사하시는 분이 말씀과 함께 입 안부터 검사했다. 입 안 구석에 긴 면봉이 들어가니 정훈이가 "칵 칵 칵 으윽!" 소리를 낸다. 입은 일단 성공이다.

이제 검사의 하이라이트. 바로 '코' 검사다.

"한 2초만 참아보자!"

검사하시는 분의 말과 함께 면봉이 정훈이 코에 쑥 들어갔다. 코 안까지 다 들어가지도 못했는데 깜짝 놀란 정훈이가 기어이 면봉을 손으로 막는다.

"자! 이렇게 뒤로 고개 빼고, 손으로 막으면 검사 못 해요! 2초만 참아 봐요!"

정훈이를 진정시키고 검사를 다시 했다. 2초를 겨우 참은 정훈이 눈에서 눈물이 나온다.

"잘 참았어! 잘했어."

검사를 끝낸 정훈이에게 아낌없이 칭찬을 해주었다. 자리로 돌아가는 정훈이가 기다리는 아이들에게 눈물을 흘리며 코로나19 검사 느낌을 전한다.

"코피 나는 것 같아!"

표현이 살아있다. 정훈이에 이어 차례차례 검사를 마친 아이들은 영웅이 된 듯, 기다리는 아이들에게 각자의 생생한 느낌을 전한다. 찰나의 순간을 말로 표현하는 아이들 반응이 참 다양하다.

"야! 진짜 아파!"

"눈물 나온다!"

"코에 이쑤시개 쑤셔 넣는 것 같아!"

그 반응에 결국 한 아이가 기다리면서 울음을 터뜨린다.

"무서워~ 엉엉엉~"

"무서워~ 엉엉엉~"

자세히 보니 다른 반 아이 한 명도 무서워 못 하겠다고 울며 도망가고 있다. 아이를 검사시키려는 담임선생님이 그 아이와 술래잡기를 하고 계신다.

드디어 엉엉엉 울던 우리 반 아이 차례가 왔다. 그렇게 울더니 신기하게 검사를 받을 땐 눈물 뚝, 2초 딱 참더니 쉽게 성공을 했다. 그 아이의 성공 덕분에 다른 아이들도 힘을 얻었다. 쭉쭉 쉽게쉽게 우리 반 아이들 모두가 코로나19 검사를 마쳤다.

아이들 검사 후에 선생님들도 검사를 받았다. 반별 순서대로 받았는데, 검사를 끝낸 선생님들 눈이 벌겋다. 그리고 드디어 내 차례가 왔다.

"아~ 하고 소리 내고, 입을 크게 벌리세요."

"아~~~~~~~~~~~~~~~~~~~~"

입을 최대한 크게 벌리고 큰 소리로 아, 하며 5초 동안 소리를 길게 냈다. 아이들 검사하는 것을 보니 내가 잘해야겠단 생각이 들어 하라는 대로 했더니 검사하시는 분이 이러신다.

"선생님이 지금까지 제일 잘하네요."

코로나19 검사받으면서도 칭찬받으니 기분이 참 좋았다.

다음은 그렇게 아이들이 아프다고 한, 이쑤시개 넣는 느낌이라고 한, 코피가 나는 느낌이라고 한 코 검사다. 코에 들어오는 면봉을 일단 째려봤다. 이 녀석 하는 순간에 내 코 안으로 쑥 들어왔다. 진짜 쑥~~~ 코 아주 깊숙이 들어온다. 멈추라고 말하고 싶은데 계속 들어온다. 2초가 아니라 10초다. 완전 속은 느낌이다.

'아프다, 아프다, 아프다.'

'그래도 참자! 참자! 참을 수 있다.'

못 참을 순간에 면봉을 뺀다. 한 쪽 코가 얼얼하다. 다 끝났다고 생각했는데 다른 쪽 코에도 면봉을 넣는다. 똑같은 크기의 아픔이 다른 코에도 전해진다. 양쪽 코가 얼얼하다. 마스크를 썼는데 콧물이 줄줄 나온다. 비염이 완치된 느낌이다.

코로나19 때문에 오후 3시에 교실에서 아이들 얼굴을 보고, 코로나19 검사를 하느라 눈물이 '핑' 도는 경험도 했다. 그 아픔을 참은 아이들이 대견스러웠다. 고생하신 보건소 직원들, 방호복까지 입고 도와준 동료 교사들, 아픔을 참고 코로나19 검사를 한 아이들. 모두가 고맙고 고마웠다. 어서 코로나19가 물러가길 바란다.

1학년 학부모님께!

오늘 하루 아이들이 코로나19 검사를 잘 받고 돌아갔습니다. 아직 어리다고만 생각한 1학년 아이들이었는데 아픈 것도 참을 줄 아는 모습을 보니 무척 대견스러웠습니다. 평소에도 자세히 관찰해서 열심히 노력한 부분에 칭찬을 자주 해줘야겠습니다.

05

드디어 올 게 왔구나!

수업 중이라 전화를 못 받아 부재중 전화가 표시되어 있었다. 한 학부모가 수업 중에 다급하게 전화를 주신 거다. 며칠째 속으로 불안했었는데 '아! 드디어 올 게 왔구나!' 싶었다. '제발, 제발, 제발 괜찮기를…' 기도하면서 학부모에게 전화를 걸었다.

"선생님 죄송한데요. 시현이가 누나한테 전염되어 확진이 나왔습니다. 선생님, 죄송합니다…"

"아~ 네. 괜찮습니다. 나중에 다시 연락드리겠습니다."

말은 그렇게 했지만, 속으로는 전혀 괜찮지 않았다. 수업 중에 그 전화를 받으니 머릿속이 진짜 하얘졌다.

며칠 전에 시현이 누나가 확진되었다는 소식을 학부모에게 들었고, 그럼 당연히 '우리 반 시현이도 곧 걸릴 확률이 높겠네'라고 생각을 했었다. 처음 신속항원검사에서 시현이가 음성이 나왔다고 해서 안심이 되었는데, 며칠 후에 받은 PCR 검사에서 드디어 양성이 나왔다. 다행히 시현이는 이틀 전 몸이 안 좋아 가정체험 학습을 쓰고 집에 있었다.

교실에 앉아 있는 아이들을 어떻게 해야 할지 아무 생각이 안 났다. 급하게 보건 선생님에게 연락해서 시현이의 며칠 간 동선과 마지막으로 학교에 나온 날짜와 감염 원인, 방과 후 유무, 전담 유무, 학원 유무, 아이 상태 등에 대해 알려주었다.

"혹시 모르니까 아이들 점심 먹이지 말고요. 전원 하교 조치가 바로 될 수 있으니 연락 기다려주세요!"

보건 선생님의 다급한 말씀으로 전화가 끝났다.

그 와중에 7반에도 확진자가 나왔다며 동 학년 알림 메시지가 왔다. 그 반은 방과 후에 갔던 아이 하나가 같이 수업을 들었던 확진자에게 감염되었다고 한다. 1학년 종업식 하루 전에 이게 무슨 일인지 싶다. 그 반은 바로 전원 하교 조치가 내려졌다.

아이들에게 〈배꼽시계가 꼬르륵〉이란 책을 읽어주는데, 집중이 하나도 안 된다. 아이들이 클레이로 책에 나온 음식을 만드는 동안에 보건 선생님에게 드디어 연락이 왔다.

"학부모에게 지금 단체 알림 나갈 예정이니 전원 하교 조치 준비하시고요. 선생님 반 아이들은 바로 보건소에 가서 신속항원검사를 오늘 내에 꼭 하라고 학부모에게 한 번 더 전화해 주세요!"

열심히 클레이로 스시와 음식을 만들고 있는 아이들, 배가 고파서 계속 밥 먹으러 가자고 하는 아이들에게 집으로 가라고 해야 한다니 이 상황이 너무 싫었다. 그래도 해야 한다. 안전이 우선이니까 말이다.

"얘들아, 지금 하는 거 멈추고 집에 갈 수 있게 책 정리 바로 해주세요."

"왜요? 선생님?"

"무슨 일 있어요?"

"왜 그러는데요?"

아이들의 질문이 쏟아진다.

아침부터 급식 메뉴를 보고 "오늘 마카롱 나와요. 선생님. 오예! 오예! 오예!" 하며 좋아하던 아이가 너무 실망한 나머지 한 마디 던진다.

"마카롱 날아갔어."

그래, 아이 말이 맞다. 마카롱도 날아가고, 수업도 날아가고, 소중한 일상이 다 날아갔구나!

부모님과 연락이 닿는 아이들은 전화로 바로 연락을 하고, 연락이 안 되는 아이들은 따로 한 줄로 세워놓고 연락을 했다.

"저희 반에 확진자가 나와서 지금 바로 하교 조치해야 합니다. 아이들 데리고 바로 보건소에 가셔서 신속항원검사 부탁드립니다."

나의 말에 학부모님들 대부분이 더는 말을 잇지 못하시고 "아! 네!" 그러신다. 학부모님들과 단시간에 이렇게 많은 연락을 하긴 또 처음이다. 문자에 전화가 연이어지며 정신이 하나도 없다. 점심도 못 먹고, 애타게 기다렸던 마카롱도 못 먹고, 그렇게 쓸쓸히 아이들 모두 각자의 집으로 돌아갔다.

확진자가 나온 7반 아이들의 하교 조치가 끝나자, 나는 7반 선생님과 함께 보건소에 가서 신속항원검사를 받았다. 기다리는 줄이 길었지만, 결과가 금방 나왔다. 한 줄 음성이다. 우리 반 학부모님들도 한 명씩 음성이라고 문자와 사진을 보내주신다. 다행히 양성 판독은 없다.

오늘 하루가 정신없이 지나갔다. 전화 받고 전화하고 마음 졸였던 순간밖에 없었다. 아무쪼록 더 이상 아무 일이 없었으면 좋겠다. '종업식까지 끝까지 쉽게 가는 게 하나도 없구나!'

 1학년 학부모님께!

뜻하지 않게 담임선생님들과 전화해야 할 일이 있을 겁니다. 항상 도와주려는 마음이 가득한 담임선생님이니 너무 부담 갖지 마시고 연락해주시면 됩니다. 내 아이를 대하듯 아낌없이 나눠주려는 마음이 담임선생님 마음입니다.

1학년 교실에 중2가 찾아왔다

2019년에 6학년 아이들을 졸업시켰는데, 그들 중 3명이 내가 보고 싶다고 연락해왔다. 그렇게 2년 만에 그 아이들을 다시 만났다. 그들이 벌써 중2가 되어있었다.

"선생님, 똑같네요. 뭔가 달라질 줄 알았는데…. 자세히 보니 살이 조금 빠진 것 같은데…."

"어! 1학년 아이들 가르치느라 힘들다…. 너희들은 키가 엄청 컸다."

"아, 제가 쫌… 하하하 173 정도 돼요."

"은수는 진짜 많이 컸다. 원래 쪼그마했는데…"

"선생님은… 하하하하!"

그렇게 2년 만의 재회를 키와 몸무게 얘기로 시작했다. 그동안 아이들은 훌쩍 컸다. 그 사이에 난 흰머리가 많이 늘었다. 자세히 보니 아이들 손에 커피 한 잔과 조각 케이크가 들려 있다. 돈도 없을 건데 저런 것도 사 올 줄 알고, 다 키웠다 싶다. 학교 건물 입구에서 체온을 체크하고 방명록에 기록을 남기고, 교실로 아이들을 데려왔다.

2년 만의 만남에 어색함이 감돈다. 얼른 학년 연구실에 가서 레몬차 4잔과 과자를 들고 온다. 어색함은 잠깐, 곧이어 아이들과 함께 6학년 추억팔이가 시작된다.

"너희들 어떻게 선생님 찾아올 생각을 다 했니?"

"기말고사 마치고 왔어요."

"선생님이 만들어주신 앨범 볼 때마다 울컥울컥 했어요. 그때 생각이 많이 나서 선생님 찾아왔어요."

"그땐 마스크도 안 쓰고 좋았는데."

"맞네! 너희들 졸업할 때 코로나 터져서 마스크 쓰고 지금까지 쓰고 있네."

"사진도 자주 찍고 참 즐거웠는데, 맞죠?"

"그랬지."

내게 있어 2019년 6학년은 참 힘들었다. 나한테 자주 대들고 장난만 쳤던 몇몇 아이들 때문에 더 그랬다. 그래서 항상 마음이 불편했는데, 다행히도 나를 찾아온 아이들 덕분에 그리고 좋은 기억만 잔뜩 간직하고 있는 아이들 덕분에 힘이 났다.

"이번에 시험 쳤는데 저 사회 15점 받았어요."

"20점 만점?"

"아니요, 하하하!"

"전 35점."

"야! 닌 잘 받았네."

"선생님, 6학년 때 학원 안 다녔으면 좋았을 걸 하는 생각 많이 해요. 학원 안 다녔으면 더 놀 수 있었을 거잖아요. 지금은 공부 밖에 안 하니 너무 답답해요. 그리고 하루 종일 마스크 쓰고 있어서 누가 누군지도 모르고, 1학년 끝나갈 때 겨우 몇 명 알았어요. 애들하고 친해지지도 못하고…. 6학년 때 마스크 안 썼을 때가 마냥 그리워요."

마스크 속에 갇혀 친구랑도 제대로 못 놀고, 수학여행도 못 가고, 학원과 시험에 매몰된 채로만 지내는 우리 중2들이 참 안타까웠다.

그러다 뜬금없이 과자 이야기가 나온다. 난 기억도 안 나는데 말이다.

"선생님 기억나요?"

"뭐?"

"과자 먹다가 들켜 5층 거기서 혼났던 일?"

"맞네…. 이제 기억나네. 들킨 애들 내가 불러 세워서 좀 뭐라고 했지. 과자 먹고 빈 봉지를 5층 구석에 버려놓고 치우지도 않는다고!"

"사실 선생님 몰래 수업시간에도 과자 엄청 먹었어요."

"진짜? 하하하!"

어이가 없다. 선생님 몰래 과자를 그렇게나 많이 먹었다니, 요 녀석들…. 다시 생각해보니, 내가 아이들에게 교실에서 과자 먹는 기쁨과 추억을 주었으니 좋은 담임이 맞기는 맞는 모양이다.

"맨발 걷기 한 것도 기억 많이 나요."

"처음에 선생님이 말했을 때 이거 해도 되나 싶었는데, 해보니 완전 자연인 같고 재미있었어요."

"남자들도 맨발로 축구하고, 완전 신나게 비 오는 날 뛰어 놀았 잖아요."

"혁준인 중학교 와서 완전 인싸('인사이더'의 줄임말로, 인기가 많은 사람) 됐어요."

"재민인 수학 100점 받고 완전 잘 나가요."

"그런데 저는 뭘 해야 할지 모르겠어요. 다른 애들은 다들 뭔 가 잘하는데…. 춤을 다시 춰야 할 것 같아요."

매일같이 "줄 똑바로 서고, 친구들이랑 장난치지 말고…" 1학년 아이들에게 잔소리만 가득했는데, 중학생들이랑 이야기하고 있으 니 또 다른 세상을 경험한다. 미래에 대해 고민을 하는 모습들이 제법 어른스럽다. 게다가 솔직하게 자신들의 심정들을 말해주는 게 고맙다.

"선생님, 지금은 우리 이렇게 이야기도 잘하는데 집에서는 거의 문 닫고 말도 안 해요."

"진정 중2병의 중2구나! 만나서 영광이다!"

"아빠가 '오늘 잘 다녀왔어?'라고 상냥하게 물어주는 것도 싫어요. '네' 하고 그냥 내 방으로 가요. 왜 그런지 잘 모르겠어요…. 마음은 안 그런데 말과 행동이 자꾸 그렇게 나와요."

"저도 잘 지낼 때는 잘 지내는데 엄마랑 말다툼을 자주 해요."

"나도 너희들만 할 때 그랬다. 엄마랑 말하는 게 너무 싫어서 거의 말도 안 하고 문 닫고 살았었지."

"선생님도 그랬어요?"

"그럼! 한창 성적에, 죽음에 고민했던 시기였지. 친구들만 좋았고, 부모님은 그냥 잔소리하는 사람으로 생각되었지. 너희들 그래도 이렇게 선생님 앞에서는 말도 잘해주고, 기분 좋게 들어주고, 하하하 호호호 꺽꺽꺽 넘어가는 소리도 내고, 내가 편하긴 편한가 보다. 고맙다!"

"선생님이 애들 이야기 너무 잘 받아주고, 안 무섭게 해서 학년 말엔 엄청 힘들었잖아요."

"그래. 졸업할 때쯤에 애들 말 안 들어서 나도 정말 힘들었지. 그런데 무섭게 하는 게 잘 안 되네. 그래서 지금도 힘들다. 하하하…."

제자들과 정신없이 수다를 떠니 시간 가는 줄 모르겠다. 1학년 하다 지쳤던 내 맘에 찾아온 휴식 같다. 너무 재밌어서 아이들이 사 온 케이크도 제대로 못 먹었다. 내가 안 먹으니 아이들도 안 먹는다. 선생님이 이렇게 눈치가 없다.

아이들이 사 온 조각 케이크와 커피

"내가 먼저 먹어야겠네!"

"네! 기다리고 있었어요."

'다 컸다. 다 컸어. 어른도 챙길 줄 알고.'

케이크를 먹으니, 먹는 생각이 났는가 보다. 한 아이가 말을 이어간다.

"선생님이 수업시간에 준 건빵 진짜 맛있었는데."

"내가 건빵도 줬나? 난 기억 안 나는데."

"있잖아요. 수학 문제 애들 가르쳐주거나 잘 풀면 주셨잖아요."

"아, 맞네! 그 건빵이 그 건빵이었구나!"

"제티도 진짜 맛있었는데."

"제티 많다. 제티 하나씩 줄까?"

"네."

"우유도 있다. 타 먹을래?"

"네~"

다시 6학년으로 돌아온 애들 같다. 먹을 땐 다 즐거운 아이들이다.

"진짜 그리운 맛이었는데…. 중학교는 우유가 안 나와서 못 먹어요."

"진짜? 중학교는 우유도 안 나오나?"

"네!"

"난 우유 좀 안 나왔으면 좋겠다. 아이들 맨날 우유 쏟고, 남기고…. 우유가 난 너무 싫다."

"하하하하하하!"

1시간 40분이 쏜살같이 지나갔다. 6학년 때 자주 했던 주먹 인사로 아이들과 작별인사를 나눴다.

"야! 이거 기억나나? 하하하하하하! 진짜 추억 돋는다. 선생님 안녕히 계세요!"

"그래, 잘 가고 다음에 또 보자!"

선생님이 보고 싶다고 찾아온 아이들. 기쁘게 가는 모습을 보고 있자니 뭔가 뿌듯하고 눈물이 나올 것만 같았다. 아이들이 사라질 때까지 한참을 서 있다가 교실로 돌아오는 길은 구름 위를 걷는 것같이 발걸음이 가볍고, 세상을 다 가진 느낌이 들었다.

'이 기분이구나! 선생 한다는 기분이!'

'고맙다! 얘들아!'

'사랑한다! 얘들아!'

 1학년 학부모님께!

자녀가 졸업을 한 후에도 담임선생님과 꾸준히 연락한다면 그것만큼 소중한 인연이 없는 것 같습니다. 항상 지지하고 도움을 주는 사람이 부모 말고 한 명 더 있는 것이나 다름없습니다. 아이들이 담임선생님과 소중한 인연을 꾸준히 이어가길 바랍니다.

나는 내가 좋아요

하루를 그림책으로 시작한다. 그림책 수업은 딱딱하지 않아서 좋다. 선생님이 읽어주니 아이들은 듣기만 하면 된다. 정성 가득한 그림들이 아이들의 상상력을 마구마구 자극한다. 내용도 아이들 수준이라 이해하기 쉽고, 질문 만들기도 그만이다.

오늘 읽어준 그림책은 윤여림 선생님의 〈나는 내가 좋아요〉이다. 이 책을 고른 이유는 아이들 스스로가 자신을 더 좋아했으면 하는 생각에서다. 자신을 먼저 좋아해야 남도 좋아할 수 있고, 그래야 친구끼리 사이좋게 지낼 수 있기 때문이다.

표지 속 귀엽게 웃는 여자아이의 표정을 보더니 "아~ 귀여워!" 하는 1학년 아이들이다. 선생님이 보기엔 너희들이 더 귀엽다. 책 제목처럼 자신이 좋은지 갑자기 궁금해진다.

"여러분 중에 내가 좋은 사람 있나요?"

선생님의 물음에 아이들의 대답이 참 다양하다.

"선생님, 아침에 영어 숙제를 다 하고 와서 제가 좋아요!"

"종이접기 잘 접어서 제가 좋아요!"

그리고 이어지는 대답들 – 일찍 일어나 자신이 좋은 아이, 부모님에게 인사를 잘하고 와서 자신이 좋은 아이 등 다양하게 자신이 좋은 이유를 발표한다.

책의 첫 장을 펼친다. 아이 하나가 눈을 깜박이는 걸 잘해서 자신이 좋다고 한다. 순간 나의 아들이 생각나 아이들에게 물어본다.

"우리 아들은 윙크를 못 해서 윙크 잘하는 누나를 엄청 부러워해요. 혹시 윙크할 수 있는 사람 있나요?"

나의 질문에 아이 대부분이 손을 든다. 그러면서 내 앞에서 윙크를 수차례 한다. 윙크를 참 잘하는 우리 반 아이들이다.

"선생님은 한 쪽만 윙크가 되고 다른 한 쪽은 안 되는데, 혹시 양쪽 다 윙크할 수 있는 사람 있나요?"

내가 양쪽 윙크가 안 돼서 혹시나 하고 물어본 건데, 손을 든 아이가 10명이 넘는다. 속으로 정말 가능한가 싶어서 "앞에서 직접 양쪽 다 윙크하는 거 보여줄 수 있는 사람?" 하고 또 물어본다.

한 명이 나와서 양쪽 눈을 번갈아 가며 윙크를 하는데 '앗!' 하며 놀랄 수밖에! 힘껏 박수를 쳐주었다. 그렇게 한 명이 하니 나머지 9명도 자신의 양쪽 윙크 실력을 아이들 앞에서 마음껏 자랑한다.

'이렇게 양쪽 윙크를 잘 한단 말이야!'

정말 신기해서 칭찬을 마구마구 해주었다. 한 아이는 들어가면서 "선생님, 전 아빠랑 양쪽 윙크 매일매일 연습해서 잘해요" 하고 자신의 비결을 일러준다. 그 말을 듣고 속으로 얼마나 웃었는지 모른다.

다음 장에는 점프를 잘해서 자신이 좋은 아이가 나온다. "여러분도 점프할 수 있나요?" 하고 물으니 "당연하죠"라고 대답한다. "그럼 점프 한 번 해볼까요?"라고 하니 두세 명 정도 빼고 다 일어나 양쪽 발로 '쿵 쿵 쿵' 점프를 한다. 쿵쿵쿵 쾅쾅쾅 소리에 순간 교실이 무너지는 줄 알았다. 점프 그게 뭐라고 서로 자신이 잘한다고 그렇게 쿵쿵거리며 재미있게 노는 아이들이다.

책을 다 읽어주고 난 뒤에 자신이 좋은 점 10가지를 독서록에 적게 했다. 아이들이 참고할 수 있게 내가 먼저 예시를 보여줬다. 내가 무엇 때문에 나 자신이 좋은지를 생각하면서 최대한 쉽게 써본다. 나의 좋은 점이 이렇게 많다는 것에 뿌듯했다.

〈내가 좋은 점 10가지〉

1. 내가 성실해서 좋다.

2. 내가 잘 자서 좋다.

3. 내가 글을 써서 좋다.

4. 내가 잘 먹어서 좋다.

5. 내가 아이들을 좋아해서 좋다.

6. 내가 긍정적이어서 좋다.

7. 내가 잘 웃어서 좋다.

8. 나는 아이들이 있어서 좋다.

9. 나는 똥을 잘 눠서 좋다(똥 얘기를 하니 아이들이 또 빵 터진다. "야, 똥 잘
   누는 게 얼마나 중요한데"라고 한 아이가 나를 지원 사격해준다. 속으로 엄청
   든든했다).

10. 나는 여행을 좋아해서 좋다.

나의 예시가 도움이 되었는지, 아이들이 서둘러 독서록에 자신의 좋은 점을 적기 시작한다. 몇몇 아이들은 "선생님, 저는 10가지가 훨씬 넘어요"라고 말한다. 그래서 "많으면 많을수록 좋아요"라고 말해줬다.

그런데 "선생님, 뭘 적어야 할지 잘 모르겠어요"라고 말하는 아이들도 대여섯 명 정도가 된다. 뭘 적어야 할지 몰라 고민하는 아이들 곁으로 가서 스스로 할 수 있는 일부터 하나씩 이야기 나눈다.

"민정이는 수학 문제 잘 풀던데!"

"미진이는 선생님께 인사를 잘하잖아!"

그렇게 평소 아이들이 잘하는 점을 알려주니 그제야 환하게 웃으며 적기 시작한다. 자신에 대해 생각해보는 그 자체가 공부다. 아이들 모두가 자신이 좋은 점을 많이 찾아냈으면 하는 바람이다.

뭘 적어야 할지 모르겠다던 한 아이가 10가지를 다 써서 가져온다. 그 아이가 고민하고 고민해서 적은 자신이 좋은 점 10가지가 참 마음에 든다.

1. 달리기를 잘해서 좋다.

2. 딱지를 잘 만들어서 좋다.

3. 그림을 잘 그려서 좋다.

4. 다쳐도 울지 않아서 좋다.

5. 점프 잘해서 좋다.

6. 밥 많이 먹어서 좋다.

7. 내가 잘 자서 좋다.

8. 내가 잘 웃어서 좋다.

9. 어른 바이킹을 진짜 잘 타서 좋다.

10. 나는 젊어서 좋다.

1학년 학부모님께!

아이들에게 자신이 좋은 점을 자주 물어봐주고 확인하는 시간을 가지세요. 자신의 좋은 점을 자주 생각해볼수록 자신이 점점 좋아져 무엇이든 밝게 보고, 자신감을 가지고 적극적으로 행동하는 아이로 자랄 겁니다.

학교에는 '좋은 선생님'과
'더 좋은 선생님'이 있습니다!

처음으로 1학년 담임을 해보았더니 13년이나 다녔던 초등학교가 새롭게 보였습니다. 1학년 선생님이 초등학교에서 진정한 선생님이었음을 체감했습니다. 그 전에는 살짝 선생님 흉내를 냈던 수준이었다면 믿으시겠습니까? 1학년 담임을 해보고 나서야 나 스스로 진짜 선생님이 되었다는 걸 인정하게 되었으니 말입니다. 게다가 1학년 담임을 한다고 하니 누군가 저를 보고 "신의 영역에 계십니다. 정말 존경합니다"라고 말해 줄 정도였으니까요.

1학년 학부모님은 자녀들을 직접 키우시기에 1학년 담임선생님이 얼마나 힘들지를 어느 정도는 예상하실 겁니다. 여덟 살 자녀들의 에너지가 상상 초월인 걸 아실 테고, 그런 무한 에너자이저 자녀들이 한 반에 서른 명 가까이 모여 있으니 그 에너지는 가히 폭발적이겠죠. 그 아이들을 데리고 수업하고, 밥 먹이고, 생활지도하는 사람이 바로 1학년 담임선생님입니다.

1학년 아이들을 담임하는 것이 이렇게 힘들지만 저는 오히려 아이들에게서 희망을 볼 때가 많았습니다. 저를 깜짝 놀라게 하는 상상력과 의젓함이 가득했습니다. 흔히들 걱정하는 인성 부분도 하나씩 차근차근 가르쳐주니 따뜻한 마음으로 친구들을 잘 도와주었습니다. 특히나 아이들은 뭐든지 1등이 되고 싶어 열심히 하기에 세계 1등도 할 수 있을 것 같았습니다. 그 마음을 못 따라가는 저의 체력과 능력을 걱정해야 했던 지난 1년이었습니다.

제가 만난 1학년 선생님들은 모두 정말 열정적으로 아이들을 가르치십니다. 아이들의 성실함을 기르기 위해, 바른길로 인도하기 위해 목이 아픈 줄도 모르고 매일같이 열과 성을 쏟고 계십니다. 아이들의 입장에서 매 순간 생각하고, 재미나고 유익한 활동을 위해 날마다 수업연구에 매진합니다. 그런 선생님들을 보면서 우리 대한민국의 교육은 밝다고 자신 있게 말할 수 있습니다.

뭐든 잘 할 수 있고, 마음 따뜻하고, 넘치는 에너지를 가진 아이들이 우리 앞에 있습니다. 선생님의 따뜻한 사랑과 열정도 있습니다. 이렇게 아이와 선생님의 좋은 기운들이 모여 우리 교육에 환한 등불이 될 수 있을 것으로 생각합니다.

지난 1년을 돌이켜보면, 제가 오히려 아이들에게 사랑을 참 많이 받았던 한 해였던 것 같습니다. 아이들을 가르치면서 제가 더 성숙해졌다는 생각입니다. 그런 이야기들을 책에 담으려 애썼습니다. 저의 1학년 이야기가 학부모님들께 선생님과 학생과 학교에 대한 따뜻한 시선을 품는 데 조금이나마 도움이 되었으면 좋겠습니다.

끝으로, 글을 쓰는 동안 포기하지 않게 힘을 준 밀알샘과 자경노 2기 선생님들, 행복했던 추억을 만들어준 1학년 5반 아이들과 동학년 선생님들, 예쁜 그림으로 1학년들의 일상을 표현해준 정여원 어린이, 그리고 원고 수정에 마음을 아끼지 않은 친구(정현철, 허지영)와 나의 아내 남주은에게 감사를 보냅니다.

초등학교 1학년 학교생활 궁금하시죠?

지은이 | 곽도경
펴낸이 | 박영발
펴낸곳 | W미디어
등록 | 제2005-000030호
1쇄 발행 | 2023년 1월 5일
주소 | 서울 양천구 목동서로 77 현대월드타워 1905호
전화 | 02-6678-0708
E-mail | wmedia@naver.com

ISBN 979-11-89172-44-2 (03370)

값 14,800원